KB205969

羅在明 回顧錄

가난의 십자가를 지다

은만 | 나 재 명

너희는 세상의 빛이라! [마 5:14]
가난을 극복하는 빛이 되자! 세상을 비추는 빛이 되어라!

아이네오

羅在明 回顧錄

가난의 십자가를 지다

지은이 **나 재 명**
펴낸이 **나 상 만**
만든이 **권 은 주**

발행처 **도서출판 아이네오**
주 소 서울시 관악구 국회단지 15길 3(1층 1호)
전 화 02) 3471-4526
등 록 2008. 11. 24. 제2020-000031호

1판 1쇄 만든 날 2023. 5. 25.
1판 1쇄 펴낸 날 2023. 6. 10.

값 12,000원

03230

ISBN 979-11-85637-48-8

羅在明 回顧錄

가난의 십자가를 지다

나의 삶의 6대 信條

1. 사람을 믿지 말고 하나님을 믿는다.

2. 성실한 노력과 시간은 큰 재산이다.

3. 용기, 지혜, 결단성, 정직의 약속은 입신을 보장한다.

4. 인간 차별을 말며, 음식을 탓하면 천벌을 받는다.

5. 옳은 일을 해야 옳은 일이 온다.

6. 내 것이 중하면 남의 것도 중하게 알아야 한다.

붓을 들고서

세월은 흘러 젊은이는 늙어가고 아이는 젊어 청춘이 되니 인간의 절기라.

사람은 각기 시대와 운에 따라서 행복과 불행으로 세상을 보내며, 자손 만대의 문명과 운을 그 상조(相照)로 전한다.

그렇다면 부귀(富貴)는 누구요, 빈천(貧賤)은 누구인가?

우리의 옛 역사는 세세히 부귀와 빈천을 각기 구별하여 권력과 학대를 명백히 하여 왔다.

'금전이 사람을 만들고 빈천이 사람을 천하게 한다' 함은 법으로 정해져 있지는 않으나, 인간의 자격에 따라 부귀와 귀천을 해결할 수 있으니 우리 에게는 각오와 능력, 근로정신이 필요하다.

이에 나는 지극히 가난한 농촌의 아들로 태어나 피어린 가난과 싸웠고, 그 발자취를 알기에 이 회고록(回顧錄)을 통해 후손에게 전한다.

'부모 가난 백 년에 천대(賤待)'라 하였으니 가난에 시달려 피눈물 젖은 생 활 속에 입으로는 못다 할 사연들을 어려서부터 당한 나는 일찍부터 가슴 깊이 가난의 원한을 물리칠 힘을 기르기에 여념이 없었다.

이에 성공의 비결을 찾기 위해 제2차 세계대전 당시 일본에 3년을 거주하며 일하였고, 전후 5년간 21세부터 25세까지 생명의 위험을 무릅쓰고 만주, 압록강 연안, 청진 등에서 일하였으며, 8·15 해방과 함께 고향산천을 찾아 시련에 쌓인 갖가지 사연을 거듭하였다.

고진감래(苦盡甘來)인가?

부모님의 한(恨), 그 가난을 물리치고 7남매의 교육을 초등학교에서 중·고등학교, 최고학부라고 할 수 있는 대학까지 보내게 되었다는 자랑에 이르기까지, 근거가 무심한 선조들의 발자취와 그 사업 등 미약한 기록이나마 후손들이 알아야 할 사실들을 기록하는 것으로 위로 삼으며, 괴로움 중에 끝을 보게 된 기쁨의 눈물이 젖는다.

뜻 있는 후손들은 더 보람 있고, 나보다 더 분발하여 지난 과거의 잘못을 뉘우쳐 나의 일생기(一生期)의 뒤를 이을 것을 고대한다.

우리가 과거에 왜 못살고 천대를 받아야 했는지?

지금 현실은 어떠한지?

글자 그대로 우리가 풀어야 할 과제로 남았으니, 이 문제들을 풀어내어야 우리가 잘살 수 있다는 것을 신중히 깨달아 문제점을 개선하기 위한 연구에 힘써 줄 것을 당부한다.

다음은 종중 사업 추진이었다.

온갖 난관을 돌파하고 역경(逆境) 속에 피어난 갖가지 사연들에 휩쓸려 천추에 잊을 수 없는 무시무시한 역경과의 싸움은 길이길이 가슴에 남는다.

후손들은 이 일생기에서 모범 된 일을 참고하고, 역경 속에 교훈을 얻어 앞날에 길이 빛날 증거를 고스란히 남겨 주기를 꼭 부탁한다.

은만 나 재 명

1921.11.19.(음) 경기도 광주군 대왕면 금토리 출생(6남매의 다섯째)

　　　　　　 부친: 나춘삼,　모친: 김을순

1931.(10세) 금토 3통 서당에서 야학(3개월)

1933.01.11.(12세) 부친 춘삼 卒(55세)

1933.(12세) 금토 2통 야학 시작 (강사: 엄정섭 씨, 책: 농민독본)

1936.(15세) 낙생초교 입학(월사금 40전)

1942.(21세) 낙생초교 졸업 | 나까에 교장 소개로 일본 동경회사 취직

　　　　　 효자묘지 밭 1,344평 매수(금액 400원)

1944.(23세) 귀국 | 용산 우체국 취직, 곧 퇴직

　　　　　 만주 압록강변 ㈜일조고무공업사 취직 | 신변 위협 퇴직

　　　　　 조선총독부 관리시험 합격

1945.05.10.(24세) 함북 청진 근무

1945.08.12.(24세) 소련 함대 청진 함포사격으로 불바다, 서울로 도피

1945.08.15.(24세) 서울 도착 | 금토동으로 귀향

1947.02.02.(26세) 이봉성 · 남정애의 딸, 이종연(17세)과 결혼, 집이 없어 별거

1947.05.(26세) 초가 2칸 집에서 신혼 시작

1948.10.13.(27세) 금토동 나주 나 씨 종중회 창설

1949.(28세) 금토동 223번지 논 555평 매입

1950.06.25.(29세) 한국전쟁 시작, 공산 치하 3개월 경험

1950.11.13.(29세) 제2국민병으로 입대, 경남 삼랑진 근무

1951.04.(30세) 제2국민병 제대, 걸어서 9일만에 귀향

1952.11.18.(음, 31세) 장남 광화 출생

1953.07.20.(32세) 경기도 광주 나 씨 선조 묘지 실태 조사

1953.12.06.(32세) 이종연과 혼인 신고

1954.10.30.(33세) 종중 부인회 창설
1958.02.03.(37세) 장녀 광란 출생
1959.11.30.(38세) 나주 금호사 통해 광주 나 씨 추가하여 족보 발행
　　　　　　　　재명: 대보 1질 10권, 재진: 파본 1질 상하 2권

1960.04.13.(39세) 차남 광국 출생
1962.07.14.(40세) 차녀 영란 출생
1964.08.05.(42세) 친모 을순(경주 김 씨) 卒(80세)
1965.02.20.(43세) 삼녀 인란 출생
1967.06.24.(46세) 삼남 광동 출생

1970.04.14.(49세) 넷째 딸 경순 출생
1971.01.23.(50세) 평택 팽성읍 논 8,700여 평 경작(투자금: 약 370만원)
1971.05.11.(50세) 금토동 토지 1,100평 매입(성윤 형과 공동, 각 45만원)
1979.08.15.(58세) 장남 나광화, 김정선 결혼 ｜ 약수교회 ｜ 주례: 이은성 목사

1980.09.13.(59세) 장인 이봉성 卒(78세)
1982.08.(61세) 나주 나 씨 대동보 1-8권 발행, 제5권 P.340 - 534 반계공파
　　　　　　제5권 P.528 - 533 성남 금토동 계보(25대~27대)
1982.09.04.(61세) 장녀 나광란, 이영성 결혼 ｜ 중동교회 ｜ 주례: 김훈 목사
1986.03.01.(65세) 이남 나광국, 김애희 결혼 ｜ 둔전교회 ｜ 주례: 이가일 목사
1988.09.03.(67세) 이녀 나영란, 이춘섭 결혼 ｜ 둔전교회 ｜ 주례: 이가일 목사

1994.05.07.(73세) 삼녀 나인란, 문오섭 결혼 ｜ 청아예식장 ｜ 주례: 김훈 목사
1995.01.21.(74세) 사녀 나경순, 안종서 결혼 ｜ 평택 원앙예식장 ｜ 주례: 조석구
1995.10.01.(74세) 장남 광화 모란에 청남성 교회(예장 합동) 개척, 부부가 교회 출석
1995.10.27.(74세) 삼남 나광동, 은정화 결혼 ｜ 성남동 성당 ｜ 주례: 김 안드레
1996.05.25.(75세) 처 이종연과 결혼 50주년 기념 예배 ｜ 축하연
1996.08.27.(75세) 제주 여행(3박 4일)
1997.01.(76세) 회고록 쓰기 시작
2000.03.(79세) 회고록 간행

아버님의 회고록을 발간하며

먼저 아버님의 회고록 발간을 위하여 힘주시고 지혜 주신 삼위일체(三位一體) 하나님께 영광과 감사를 올립니다.

아버님의 이름은 '은만', 자(字)는 '재명'입니다.
아버님은 어려서부터 독서와 글쓰기를 좋아하셨습니다.
일생을 사시면서 평소에 중요한 일이나 꼭 남겨두어야 할 것은 기록하시곤 하셨습니다.

75세 되셨을 때 회고록을 쓰시기 시작하여, 자녀와 자부들의 도움을 받아 80세경에 회고록을 완성하셨습니다.
아버님은 평생을 어머님과 함께 하셨습니다.
그러므로 본 회고록은 어머님 이종연의 회고록이기도 합니다.

그때는 제가 목회하고 있었고, 아내도 학교에 재직 중이고, 자녀들 교육에 바빠서 적극적으로 회고록 발간에 도움을 드리지 못하였습니다.
일차 발간한 회고록을 보며 저의 마음은 늘 아쉽고 죄송하였습니다.
그리고 '때가 오면 더 좋은 회고록을 만들어 부모님께 보답하리라' 결심 하였습니다.

아버님과 어머님께서 천국으로 가신지가 벌써 13년이 되었습니다.

2년 전, 잘 아는 어느 목사님과 소설가의 자서전을 보게 되었습니다.

너무나 훌륭한 작품이었습니다.

그것이 제 마음에 감동을 주었습니다.

저는 지난해부터 아버님 회고록 발간을 준비하며, 몇 가지 원칙을 두었습니다.

① 기존의 아버님 회고록을 가급적 원본 그대로 싣는다.

　아버님께서는 자녀 관계, 형제간의 관계, 이웃 간의 관계(싸움) 등을 자세히 묘사하셨는데, 혹 독자와 관련된 내용이 있더라도 관용으로 이해하시고 덮어주시기 바랍니다.

② 문법에 맞게 글이나 오탈자를 수정한다.

③ 원본의 내용이 부족하여 이해하기 어려운 부분은 보완 및 수정한다.

④ 사진을 넣어 더욱 실감나게 한다.

아버님과 어머님은 정말 훌륭한 삶을 사셨습니다.

저의 삶을 뒤돌아보면 부모님은 저보다 더 훌륭한 삶을 사셨습니다.

저뿐만이 아니라 동생들도 그렇게 생각할 것입니다.

회고록을 발간하는 취지는 아버님과 어머님의 일생을 돌아보며 잘잘못과 열매를 성찰하고, 자녀와 후손들, 그리고 독자들에게 삶의 교훈과 지혜를 주기 위한 것입니다.

다시 보완하여 발간하지만 여러 가지로 미흡한 면이 있음을 고백합니다.

독자 여러분께 넓은 양해를 구합니다.

본 회고록을 천국에 계신 삼위일체 하나님과 부모님께 올립니다.

　　　　　　　　　　　　　　　2023년 6월 6일 부모님 추모 13주기를 맞아

　　　　　　　　　　　　　　　　　　　　　　첫째 아들 광화 書

아버님 회고록 발간을 기뻐하며

우리를 기독교 신앙으로 키워주신 부모님께 감사드립니다.
부모님 천국 입성 13주기를 맞아 아버님 회고록 발간을 참으로 기뻐합니다.

삼위일체 하나님!
감사드리며 찬양합니다.
영광을 올립니다.

나광화 김정선 ∣ 나광국 김애희 ∣ 나광동 은정화
이영성 나광란 ∣ 이춘섭(故) 나영란 ∣ 문오섭 나인란 ∣ 안종서 나경순

할아버지 회고록 발간을 기뻐하며

우리에게 기독교 신앙을 물려주신 조부모님께 감사드립니다.
조부모님 천국 입성 13주기를 맞아 할아버지와 할머니 회고록 발간을 진심으로 기뻐하며, 삼위일체 하나님께 감사와 찬양과 영광을 올립니다.

나영길 · 나성길 · 나효남(김유니) · 나지효(심승보 ∣ 은성)
나은정 · 나정이 · 이재인(황윤성 ∣ 제나, 제임스) · 이재희(윤양구 ∣ 이도)
이재림 · 이주혜(김경환 ∣ 소윤, 혜윤) · 이주영
문성원 · 문성진 · 안혜인 · 안은진 · 안혜원

사진으로 보는 희로애락의 삶

젊은 시절의 사진이 없어 아쉽다

■ 5촌 조카 은수 결혼식 사진(맨 좌측이 필자) ■

■ 어느 여름 남산에서 ■

■ 아내 이종연의 30대 시절 ■

■ 44세의 아내 이종연 ■

■ 아내 이종연과 큰형수, 어린 인란과 광동 ■

15

■ 어린 광화를 장모님이 안고 계신 모습 ■
초가집 마당에서

■ 금토동 효자묘지 밭에서 보리 심는 모습 ■

■ 장인(故 이봉성) 회갑연 사진 ■

16

■ 처가댁 대문 앞에서 ┃ 맨 좌측 두 번째부터 둘째 형수, 큰처남댁, 아내, 맨 우측 장모 ■

■ 광화 해사 4학년 8개국 순항 실습차 출항을 앞두고 ■

■ 아내 이종연을 중심으로 맨 우측에 장모님, 광화 해사 1학년 하기 휴가 중 광란이와 함께 ■
주일예배 후 낙생초교에서

■ 광화 해사 4학년 하기 휴가 때 가족사진 ■

■ 금토교회 행사시, 맨 좌측 뒤로 네 번째가 아내 이종연 ■

■ 첫째 아들 광화 결혼식 양가 가족들(1979. 8. 15, 서울 약수교회) ■

■ 둘째 형(재철) 장남 수월 결혼식에서 양가 친척들 ■

■ 둘째 아들 광국 결혼식에서 양가 친척들 ■

1982. 9. 4

■ 장녀 광란의 결혼식에서 양가 친척들(성남 중원교회) ■

20

■ 1992. 7. 28. 아내, 인란, 영길, 성길 ■

■ 평택에서 농사를 지으며, 아내, 둘째 형수, 광동이와 함께 ■

■ 제2의 고향 평택에서의 농촌생활 ■

이종연집사 회갑연

壽 宴

'90 . 11 . 13

■ 평택 평궁리 마을 친목회 관광시 여주 세종대왕능에서 ■
(뒷줄 좌측에서 9번째 필자, 앞줄 좌측에서 네 번째가 아내)

■ 평택 평궁리 마을 친목회 관광시(우측에서 네 번째가 나) ■

■ 1984년 여름, 큰 손주 영길이와 아내 | 진해 경화동 집에서 ■

■ 1996. 8. 27. 제주 여행시 아내 이종연과 함께 ■

■ 1981. 5. 12. 단양팔경 여행시 아내 이종연과 금강변에서 ■

고수동굴 700m, 노동굴 400m 구경 후 쉬면서

■ 1983. 4. 3. 한산도 충무공 이순신 기념관 여행시 아내 이종연과 함께 ■

羅州羅氏大同譜 卷之五

子鍾國 종구 一名光國
一九六〇年庚子四月十三日生

子鍾東 종동
一名光東
一九六七年丁未六月二十四日生

女光蘭 광란
一九六二年壬寅七月十四日生

女英蘭 영란
一九六五年乙巳二月二十日生

女仁蘭 인란
一九六八年戊申一月三日生

女慶順 경순
一九七〇年庚戌四月十四日生

子鍾煥 종환
一九五五年乙未十二月二十六日生

子範洙 춘수
一九七六年丙辰十月三日生

子鍾培 종배
一名光培
一九五五年乙未十二月十九日生

子鍾秀 종수
一名光熙
一九五三年癸巳十月二十七日生

女姬淑 희숙
一九六八年戊申五月二十三日生

女鍾周 종주
漢陽人 一九四四年甲申九月二十九日生

女光求 광구
一九五六年丙申六月四日生

女光子 광자
一九五一年辛丑五月二十二日生

女英愛 영애
一九六五年乙巳二月九日生

石均 煮容子
一名命石
一九一五年乙卯十一月二十五日生
寬金海氏鍊三女

銀均 煮容子
一名銀利
一九二一年辛酉五月五日生
寬濟州吳氏始遷女
壬申十一月十日生

夫 吳文愛
夫 李榮順
孝男　孝集

配 宜寧南氏之墓
羅州羅公武勇之墓

■ 성남시 금토동 소재 부친 춘삼, 모친 경주 김 씨의 묘 ■

■ 평택 평궁리 나재홍의 딸 나숙자의 중앙간호대학 졸업식에서 ■

■ 손자 영길이 매송 초등학교 졸업식에서 ■

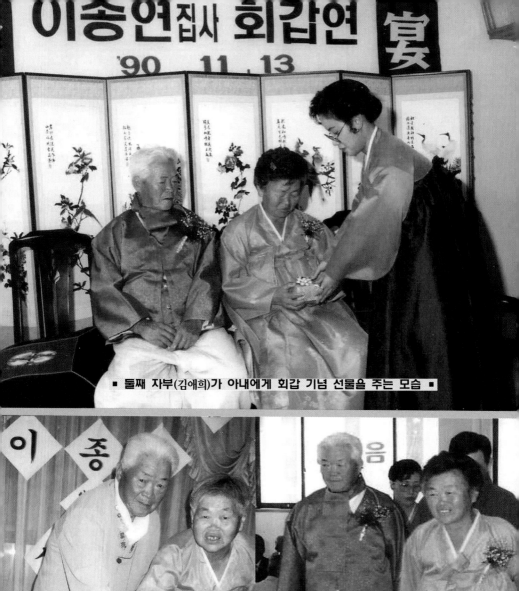

이송연집사 회갑연 宴
'90 11 13

■ 둘째 자부(김애희)가 아내에게 회갑 기념 선물을 주는 모습 ■

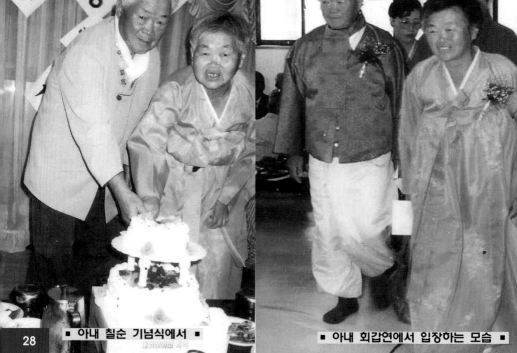

■ 아내 칠순 기념식에서 ■

■ 아내 회갑연에서 입장하는 모습 ■

28

■ 장남 광화 목사가 성남 상적동 교회 개척시 성도 김강아 권사 임직을 축하하며 ■

29

나재명 이종연 결혼 50주년

나재명, 이종연 권사

결혼50주년 기념 감사예배

주 1996 월24 메트 페

31

羅在明 回顧錄

가난의 십자가를 지다

Contents

제1막

가난의 십자가를 지다

- 굶주렸던 어린 시절

- 소년에서 청년으로

굶주렸던 어린 시절

나는 5형제 중 넷째로, 이름은 '은만'이요, 자(字)는 '재명'이다.
단기 4254년(서기 1921년) 11월 19일(음력)에 태어난 임술생(壬戌生)이다.

아버지의 술과 노름으로 기울어만 가는 가정환경은 불안에 불안을 거듭
하였고, 어머니는 어린 6남매를 먹여 살리기 위하여 온갖 노력을 기울였지만
살림이 나아지기는커녕 자식들의 교육은 고사하고 사방으로 남의집살이를
보내야만 하였다.

나는 어려서 남의집살이도 못 가고 궁색함 속에서 배고픔을 참고 여덟
살부터 땔나무와 풀베기를 하여 낫으로 손을 많이 베었다.
아버지는 겨울이면 일해 준다고 품값을 받아서 술이나 노름으로 세월을 보내
시며 농사철이 되면 미리 갖다 쓴 돈 품값 갚느라 남의 일만 다니다가 집안일은
맨 나중에 하게 되니 해마다 제 소출을 내지 못하는 것이 다반사였다.
여름이면 산에 가서 나물을 뜯어말려 겨울에 소에 싣고 가서 팔아봤자
술값으로 나가고, 생활에 쓰는 돈은 얼마 되지 않았다.

어머니는 봄이면 산에 가서 나물을 뜯어다가 나물죽 아니면 나물을 무쳐
먹고, 겨울이면 조당수로 끼니 때우기를 하며 세월을 보냈다.

해마다 가을만 되면 추수한 곡식 중 빛 좋은 쌀은 저 유명한 '안기연'이 '집행'이라는 명령 아래 씨까지 다 가져갔다.

먹을 것이 없어 미리 빌려 먹고 추수 때에 갚는 것이다.

온 식구들의 울음과 아우성, 그 비극적인 상황은 어린 가슴 속에 깊이 한이 되어 잊히질 않는다.

삼평동 성냄이 정대선 등이 당시 그 일족이다.

이러한 인권 유린(人權蹂躪)과 압제(壓制)에 잠시라도 마음 편할 날이 없었고, 피어린 어머니의 모습은 차마 눈물 없이는 볼 수가 없었다.

이처럼 기막힌 세월에 생명을 보전하고 자라난 어린 시절의 가슴 속엔 잊을 수 없는 눈물을 소맷자락에 씻고 불안과 가난을 물리쳐야 한다는 비장한 각오는 가슴 깊이 새겨질 수밖에 없었다.

남은 그렇지 않은데 왜 나만 이렇게 되어야 하는가?

생활방침이 이러하면 누굴 원망할 필요 없이 당연한 일이 아닐까?

예나 지금이나 다를 바 없이 이런 생활은 피해야 한다.

교훈은 컸다.

밥을 먹는 집과 못 먹는 집은 예나 지금이나 일상생활에서 차이가 크다.

이 세상에 태어날 때 뱃속에서 재산을 안고 태어나는 사람은 없다.

밥을 넉넉히 먹는 집 일과와 굶는 사람의 일과는 천지 차이다.

계획된 생활과 생산적인 생활 가운데 절약하는 생활, 시간을 낭비 말며 성실한 노력을 꾸준히 계속함으로 가난을 면할 수 있다.

한편 이웃에 잘사는 사람, 어렵다가 잘사는 사람, 이런 사람을 비판하고 부러워하기 전에 잘 살펴서 본보기로 삼아야 한다.

그들은 틀림없이 다른 데가 있다.

그러나 세상 사람들은 그게 아니다.

나쁜 말, 나쁜 짓은 빨리 배우지만, 고운 말, 선한 짓은 쉽게 배워지지 않는다.

반감을 갖는 사람도 있다.

'저 놈 부자 되었으니 한 턱 내라던가?'

'일을 가서 해주면 부자 되니 일을 해주지 말자.'

이런 사람이 되면 안 된다.

항시 보고 실천하되, 어떤 사람의 옳고 그른 행동을 보고 명심해서 옳은 것은 행하고, 그른 일은 절대 하면 안 된다.

아직도 우리 집은 위에서 말한 그릇된 생활방식이 남아 있다.

유감(遺憾)된 일이 아닐 수 없다.

허영(虛榮)된 완력 등으로 공짜 계산을 바라고, 자기 자신은 보통으로 알고 행여 남을 불안케 하는 사고방식 등은 다시 한 번 생각해 보아야 한다.

소년에서 청년으로

어려서부터 가난과 꾸지람 속에서 자란 사람은 인간의 위신(威信)이 서지 않고, 무슨 말을 해도 소용이 없고, 사람의 가치(價値)가 없다.

이웃에 큰 일이 있어도 어머니가 업신여긴다고 못 가게 한다.

예나 지금이나 있는 집 자식이 큰일을 하러 가면 '저거 아무개 아들' 하며 머리를 쓰다듬고 귀여워하지만, 가난한 집 자식이 집 근처에 가면 욕설만 하고 싫어한다.

거지처럼 얻어먹으러 왔다고 흉을 본다.

그러므로 나는 그런 집에 안 갔다.

지금은 어딜 가나 반가워하나 그 시절 습관 때문인지 잘 가고 싶지 않다.

이런 가운데 가장 답답하고 가슴 아픈 것은 불타는 학구열에 비해 학문을 배울 기회가 없었다는 것이다.

편지 한 장을 쓰더라도 내동 권 씨 집에 가야 했고, 그 당시 권영국이 그런 일을 많이 했다.

야학(夜學)도 그들이 주도하였다.

이러하니 배운 자들의 아니꼬운 태도는 참기 어려웠다.

그래도 손을 빌리러 가야 하는데 어쩌겠는가!

편지 한 장을 쓰려면 당시 면사무소에 가서 호적등본 떼기보다 더 어려운 수모(受侮)를 당하니 어찌 가슴이 쓰리지 않겠는가!

한(恨) 많은 세월에 태어난 탓에 천추(千秋)에 잊기 어려운 인간 차별을 수 없이 당해야 했다.

그들은 열 살이나 차이가 나는 윗사람을 보고도 반말을 하였다.

노인이라도 자식뻘 되는 자들에게 '이랬어요', '저랬어요'라고 존댓말을 써야 한다.

지금은 많이 달라졌으나 아직도 그 악한 버릇이 남아 있다.

권오복 · 권대영 · 권혁찬 등이 선두주자인데 특히 노부인들이 심하다.

이 뼈에 사무치는 원한이 가슴에 새겨져 있는데 세월이 간들 어찌 잊겠는가!

지금은 적극적으로 실천에 옮겨 그들이 예전과 같은 모습을 보일 때는 주저 없이 망신을 준다.

이러한 과거의 원한 때문에 권오복이나 권대영이와 열 살 차이가 나지만 겨우 대면하고 있으며, 그들이 나에게 빌리러 올망정 나는 그들에게 빌리러 가지 않는다.

교훈이란 이런 것이다.

이런 세월이지만 '배워야 한다'는 마음으로 어느 날 저녁, 내동으로 야학을 하러 갔다.

열 살 때 일이다.

가자마자 시험을 본다며 이름을 써내라고 하였다.

내가 글씨를 쓸 줄 몰라 우물쭈물하며 누구더러 써달라고 하니 권순일이 소개하여 권영만이가 이름 하나 써주고 대가로 연필 한 자루를 요구하였다.

연필을 주고 다음부터는 가질 않았다.

글을 못 배워도 아니꼬움을 볼 수는 없었다.

자존심이 상했다.

그런데 배움의 기회가 왔다.

엄정섭이라는 유명한 자가 동네로 이사를 왔다.

그는 '농촌진흥회'라고 하며 외동 모범 부락 문명퇴치 운동을 전개하였다.

엄 씨는 자신이 직접 강사가 되어 가르쳤다.

나는 면(面)에서 엄 씨를 통해 『농민독본』이라는 책을 받았다.

엄 씨는 좋은 사람이었다.

이 책으로 야학을 하게 된 것이 열두 살 때였다.

마음 편히 최선을 다해 공부하니 좋은 성적을 거둘 수 있었고, 주위에서 칭찬이 자자했다.

그러나 야학은 얼마 가지 못했다.

엄 씨가 강의료 없이 가르치는 것이 힘들었는지 폐강을 하였다.

집의 형편은 나아지질 않았다.

부모님은 자주 싸우시며 어려운 나날을 보내셨다.

그러던 중 맏형 봄돌이 나이 이십칠 세에 권오기의 중매로 경상도 사투리를 쓰는 윤후분을 아내로 맞으며 잠시 가정은 잠잠하였으나 가난은 여전하였다.

이러한 상황에서 형수 윤후분은 보람을 느끼지 못하고 툭하면 집을 나간다며 호들갑을 떨었다.

이러한 상황에서 가장 힘든 사람은 큰형이었다.

부모나 동기간이나 아랑곳하지 않고 일도 하지 않고 식음을 전폐하곤 하였다.

이럴수록 형수는 더 기가 사니 기가 막혔다.

하루는 형수가 이천 고모네를 다녀온다고 하며 보따리를 싸서 나섰다.

어머님이 보시고 가면 오지 않는다며 막아섰다.

형수는 그렇게 믿지 못하면 사람을 딸려 보내라며 나더러 함께 가자고 하였고, 그때 나의 나이는 열두 살이었다.

때는 12월 스무날로 아침부터 흰 눈이 내리고 있었다.

길도 모르고 나선 형수는 논두렁 밭두렁을 지나며 넘어지기도 하고 빠지기도 하였다.

온종일 굶으며 찾아간 곳이 경기도 광주에 사는 이영득이네 집이었다.

배가 고파 요기를 하러 들어간 것이다.

때마침 거기서 머슴을 살던 야곱을 만나니 반갑기도 하고 창피하기도 했다.

식사하면서 영문을 모르는 야곱에게 형수가 이천 고모네 가는 길이라고 말하자, 야곱은 쓸데없는 소리 말고 여기서 쉬고 다시 금토리로 가라고 하였다.

만일 갔다가 오지 않으면 어린 것을 어떻게 할 것이냐고 추궁하였다.

이천으로 가는 것을 그냥 둬서 오지 않으면 후일 내가 금토리 가서 조부모님과 큰 아저씨를 뵈면 원망 듣는다며 이천으로 가지 말고 금토리 집으로 가라고 적극적으로 말리니 할 수 없이 집으로 돌아왔다.

가족들이 너무 반가워하였다.

이 시절 나는 금현동 서당 한문방(漢文房)에서 일 년 동안 공부하며 천자 「동문서습」을 마쳤다.

서당은 얼마 되지 않아 문을 닫았다.

내 나이 십삼 세가 되었을 때 아버님께서 세상을 뜨셨다.

당시 나는 어머니와 자주 다투는 아버지를 많이 원망했으니 아버지가 술을 너무 좋아하셨기 때문이었다.

그래서인지 아버지가 세상을 뜨셨지만 크게 슬퍼하지 않았다.

그러나 어머니는 매우 슬퍼하셨다.

이리하여 큰형이 가정을 돌보았는데, '위에서 흐르는 물이 발뒤꿈치로 흐른다'는 속담처럼 큰형 역시 노름과 술을 좋아하고 소리, 호적피리와 명창이 특기였으니 가정은 점점 어려워만 갔다.

이러한 가난 속에서 나이 십오 세에 판교에 있는 낙생초등학교 1학년에 입학하였다.

지금 생각하면 우스운 일이었으나 한편 신기하기도 하다.

일제강점기라 당시 쌀 한 말에 1원, 국수 한 관에 70전, 교사 월급이 40원이었는데, 한 달 월사금인 40전을 내기 어려워서 늘 학교에서는 말썽이 되니 미안하고 창피하기도 하였다.

나는 친구들과도 어울리지 못하고 기가 죽어서 지냈다.

어머니는 이러한 비참함을 막기 위해 새벽이면 나물이나 된장 등을 머리에 이고 너더리(판교) 장에 가서 팔곤 하셨다.

내가 학교 가다가 시장 거리에서 만나면 어머니는 월사금을 나의 손에 꼭 쥐어 주셨는데 함께 가던 친구들이 보면 쑥스러웠다.

이처럼 허술한 학창시절을 되돌아보면 육 남매 중 오 형제들 틈에 형수는 혼자라 허세라도 부리듯 멋대로 하였는데, 누가 뭐라고 나무라면 나간다고 하여 잘못해도 그냥 두었다.

형수는 아침이 되어도 일어나지 않고 한나절까지 잠을 잤다.

그러니 나는 아침 식사도 하지 못하고 학교를 다녀야 했다.

끼니를 거르는 일은 허다(許多)했으며, 굶기가 일쑤였다.

그러다 주는 음식이면 감지덕지(感之德之)였고, 다른 형들과 다툴망정 나와는 한 번도 다툰 적이 없다.

속담에 '개천 나무라면 무엇 하나? 다 내 눈먼 탓이지'라고 하였다.

내 가정이 허술한데 똑똑한 여자가 시집을 오겠는가?

큰 형수가 우리 집에 온 것은 어느 초여름이었다.

호박과 호박 잎사귀로 만든 반찬 열두 가지를 상에 올렸다.

그 와중에 간장에 파를 캐어 넣기도 바쁘다.

여자가 변덕이 심하다는 것을 증명이라도 하듯 하였다.

임신 중이라고 한겨울에 미나리가 먹고 싶다고 하면 밥거리는 없어도 사다 주었고, 청어가 먹고 싶다고 사오라고 하여 사다주면 날것으로 먹었다.

하기야 얼마나 먹고 싶으면 그랬을까?

그러나 여자로서 참을성이 없음을 남에게 알리는 것이다.

아버지는 정말 술을 좋아하셨다.

아버지의 자녀 칠 남매 중에 외동딸 누이가 있었다.

허술한 신랑 집에서 아버지가 술 좋아하시는 것을 알고 이웃 부잣집 방아를 찧고 남은 왕겨를 옮겨다 자기 집 뜰에 쌓아 두고, 술을 얻어다 아버지에게 먹인 후 자기 집으로 모시고 가서 우리 아들 선을 보고 당신 딸을 며느리 삼게 해달라고 하니 그가 바로 시흥리 최문복의 아버지라.

그 먹고 싶은 술, 그 잊을 수 없는 술을 잡숫고 싶은 터에 술대접을 받고 그 대가로 누님을 그에게 보냈으니, 허락한 결과 왕겨 가마에 속아서 저녁 먹을거리도 없는 내력 나쁜 가문에 들어간 누님의 신세 한탄 소리는 나의 가슴을 아프게 하였고, 큰 교훈이 되었다.

그렇다!

어머니가 교양이 있는 분이었다면 이런 사실을 바로 잡을 수 있었을 것이다.

사위 선보는데 술 좋아하는 아버지를 보냈으니 어머니의 책임도 있고, '팔자소관(八字所關)'이란 바로 이런 것을 두고 하는 말이다.

이렇게 불안한 사연 속에서 학교 시절에는 의복, 신발, 모자, 가방 등의 사물에 대하여 욕심을 낼 수 없었고, 친구들과 어울릴 틈도 없었다.

친구들의 운동화와 가방을 부러운 듯 유심히 바라보며 마음으로 '나도 저런 운동화를 한 번 신어 볼 날이 있을까?' 생각하며 서글퍼 하였다.

반면에 '이것도 일시적이요 공부만 잘하면 되지' 하고 마음을 강하게 먹었다.

학교에서 집으로 온들 공부에만 전념할 수도 없었다.

방바닥에 엎드려서 오랫동안 글씨를 쓰면 힘들어서 자주 일어나고 엎드리고를 반복해야 했다.

동기 동창 중 내 사정을 잘 아는 내동 김영찬이를 밤이면 찾아가곤 하였다.

그 친구도 넉넉지는 못했으나 공부 시설은 잘 갖추어져 있었다.

언제나 학교 성적도 일이 등을 다투었다.

그 친구는 후에 친척의 후원으로 춘천 사범학교 1년을 나와 초등학교에서 교편을 잡고 교장으로 근무하였다.

참으로 좋은 친구였다.

나는 좋은 학교 성적도 아랑곳없이 일편단심 쓰러져 가는 가정을 일으키기 위하여 온 힘을 다하였다.

상급학교는 꿈도 꾸지 못하고 스물한 살에 초등학교 육학년 졸업과 동시에 나까에 교장의 소개로 일본 동경의 회사에 취직이 되어 집을 떠났다.

육학년 졸업할 때까지 비용 때문에 남들은 다 갔다 오는 수학여행 한 번 못 가고 우물 안 개구리처럼 지내야 했다.

"집에서 학교밖에 모르는 네가 우리나라도 아닌 일본을 가다니…"

어머니가 울면서 길을 막던 모습이 눈에 선하다.

허나 여기 한국에서는 누가 소개해 주는 사람도 없고 집의 형편은 한시가 급하니 여자처럼 내성적인 성격을 가진 나로서는 벅찼으나 어쩔 수 없었다.

어머니는 도선고개까지 따라 나오시며 나의 이름을 부르고 하염없이 눈물을 흘리셨다.

어머니의 마음을 아는 나 역시 아는 사람 하나 없는 만리타향에 가기가 싫었지만 흐르는 눈물을 참고 도성고개에서 어머니를 뿌리쳤다.

그때의 심정은 오래도록 내 기억 속에서 사라지지 않는다.

일본을 향해 서울역에서 오후 여덟 시에 급행열차를 타고 부산으로 향했다.

부산항 부두에서 시모노세키로 향하는 선박에 오르는데 많은 사람이 나와 에워싸며 타국으로 가는 동기들을 위하여 음식을 사 먹이고 여행비를 주고 포옹하며 송별하였으나 나만은 아무도 없었다.

배가 출항하며 산천초목이 우는 듯 눈물이 한없이 흐르는데 '누구를 바라고 누구를 위해 일본을 가야만 하나' 하는 뼈아픈 심정은 길이 잊을 수가 없다.

연락선으로 하루, 기차로 이틀 걸려서 동경 목적지에 도착한 것은 오후 여덟 시였다.

앞을 봐도 뒤를 봐도 모두 낯선 사람뿐이었다.

묵을 곳은 불도 안 때는 이층 다다미방이었다.

식사라며 라이스카레를 주는데 쌀에 콩 깻묵을 섞어 흰밥을 넓은 접시에 담아 긴 코 같은 것을 밥 위에 얹어 준다.

배는 고프니 먹어야 하는데 입에서 받질 않아 먹는 즉시 토했다.

집이라면 다른 음식으로 바꿔주겠지만 거기서는 알 바가 없다.

이렇게 백일이 지났는데 그럭저럭 버티었다.

일본에 와서 직장을 잡자마자 독서를 즐기고 있었다.

어느 잡지 광고를 보고 동경 예비중학 강의록을 신청해 독학을 시작하였다.

때는 2차 세계대전의 고비라 밤과 낮을 가리지 않고 직장을 나가니 독학도 허사였다.

직장에서 일을 마치고 숙소로 오려면 거리를 지나야 하는데 그 거리에는 다섯 집 걸러 유곽(遊郭)이 하나씩 있었다.

일본 여자가 길목에서 손목을 잡고 끌며 유혹하였다.

그러나 나는 웬일인지 그녀들과 사귈 수 없었다.

귀찮게 굴면 그 다음부터는 다른 길로 피해 다녔다.

친구들이 나를 보고 병신이라고 놀렸다.

놀려도 듣지 않고 친구들과 어울려 유곽에는 가지 않았다.

일본인 이히스가라는 형님뻘 되는 사람이 누구보다도 나에게 친절히 대하였다.

그는 나의 마음을 잘 알고 자기 누이동생을 소개하려고 하였으나 오직 집 생각뿐이었고, 여자에게는 관심이 없었다.

이럭저럭 이십일 세부터 이십 삼세까지 삼 년의 세월이 흘렀다.

한편 고향에서는 아버지가 안기연을 비롯하여 정대선 등 사방에 진 빚을 판교금융조합에서 대부를 받아 갚았다.

소자문 밭 331번지 1,344평을 지주인 신원동 김낙배에게 년 부로 매입하였다.

그러나 이 땅 역시 담보로 조합에 잡히고 대부받아 매입한 것으로 갚을 길이 막막하였다.

큰형에게서 편지가 왔는데 땅을 다시 조합에 내놓아야 한다고 하였다.

어찌하겠는가!

형에게 갚으라며 일하며 저축한 돈 400원을 송금하여 청산게 하였다.

나아가 삼 년 동안 매달 10원씩 큰형에게 보냈다.

당시 2,000원이라는 현금을 저축하였다.

낭비란 일전 한 푼 없었다.

그 당시 2,000원은 큰돈이어서 고국에서는 부자 소리를 들었다.

지금 후회는 이즈음이었다.

그 돈으로 동경에서 공부를 했어야 하는데, '고향으로 가서 쓰러져 가는 집을 일으키자'는 마음으로 집으로 돌아왔다.

고향에 돌아오니 조합 돈은 갚았으나 궁색함은 여전하였다.

큰형은 어머니를 모시지 못하고 둘째 형이 모시고 있었다.

그는 '어머니를 내가 모시고 있는데 돈을 큰형에게 보냈다'며 나를 원망하였다.

둘째 형도 형편이 넉넉지 못하였고 서울에 취직하려고 했으나 쉬운 일은 아니었다.

하루 이틀 서울을 오가는데 일본에서 번 돈이 여비로 줄었다.

할 수 없이 용산우체국에 취직하였는데 월급이 적었다.

즉시 그만두고 만주 압록강 연안 일조고무공업 주식회사에 취직하였다.

그러나 사람들 습성이 사납고 월급도 못마땅하며 신변도 위태로워 다시 집으로 왔다.

어머니가 반가워했으나 가정 형편은 나아지지 않았다.

어머니와 둘째 형수가 이제 나가지 말고 집에 함께 있자고 말씀하였지만 농사할 줄 모르고 형편이 넉넉지도 못한 둘째 형 집에 머무를 수가 없었다.

마침 친구 김영찬이 보내주는 신문광고를 보고 인천에서 치르는 조선총독부 관리시험에 응시하여 합격하였다.

제1 희망지를 서울, 제2 희망지를 대구, 제3 희망지를 해주로 했는데 한 달이 지나도 발령이 없었다.

직접 본부에 가서 물어보니 희망지에는 자리가 없다고 하였다.

집에 머무르기가 어려워 갈 수 있는 곳을 물으니 청진에 자리가 있다고 하였다.

이리하여 청진으로 결정이 되었다.

이리하여 서울에서 조선총독부 관리훈련을 2개월간 받았다.

셋째 형수 친정이 서울 옥수동이었다.

형수는 옥수동에 아는 젊은 여성을 소개하였다.

그녀는 청진으로 나를 따라가겠다고 하였으나 아직 터전이 잡히지 않은 상태에서 결혼 문제는 관심이 없어 그냥 두고 보자고 하고 서울을 떠나서 청진으로 가버렸다.

때는 1945년 5월 10일이었다.

청진에 도착하니 실로 타향 바람은 세찼다.

풍습이 다르고 의지할 데 없는 타향살이가 다시 시작된 것이다.

휘몰아치는 청진 바닷바람을 맞으며 해변에서 고향 쪽을 바라보니 눈물이 줄줄 흘러내렸다.

하루가 멀다 하고 옥수동에서 소개받은 여성으로부터 청진으로 오겠다는 편지가 왔다.

머지않아 서울로 가니 기다리라고 답장을 했다.

청진경찰서에 부임하자마자 서울 훈련소에서 함께 간 함경북도 나남 출신의 이 모라는 사람과 지서로 발령 받았다.

이 모는 나에게 자기 친척 누이동생과 약혼하기를 원했으나 나는 결정을 미루었다.

때는 바야흐로 2차 세계대전의 고비로 일본의 항복을 목전에 둔 무렵이다.

일주일 전부터 환도(環刀)를 기름으로 잘 닦아도 녹이 났다.

단기 4278년 8월 12일.

십여 년을 전쟁에 시달린 일본은 미군을 위시한 연합군의 공격에 지칠 대로 지쳤으며, 더구나 일본 히로시마와 나가사키에 투하된 원자탄의 위력은 일본 열도를 무력하게 하였다.

일본의 명망을 눈치 챈 음흉한 소련 함대가 청진시 일대에 함포사격을 실시하여 불바다를 만들었다.

청진경찰서에서 본서로 집결하라는 지시를 받아 8km 되는 본서에 도착하니 본서는 불에 타고 있었다.

유치장에 있던 이천여 명의 죄수들은 문이 열리며 자유롭게 행동하였다.

이러니 나의 생명이 위태(危殆)하였다.

거리에는 귀중품들이 널려 있었으나 가져가려는 사람도 없고, 목숨을 부지하려고 서로 이름을 부르며 갈팡질팡하였다.

평시에는 헌 옷을 입고 근무하고, 새 옷은 트렁크에 보관하였다.

월급 탄 현금도 함께 그곳에 보관하여 몸에는 돈 한 푼 지니지 않았는데 이러한 위험한 사태를 만나니 트렁크를 열어 볼 사이도 없었고, 사태는 점점 험악해져 갔다.

소련군이 시내로 진입하자 산으로 도피하여 이틀을 굶으며 기다렸으나 청진시가 소련군에 의해 점령되고 말았다.

모든 현금과 물품을 버리고 고향 길을 향하며, '차라리 죽는 것이 낫지 않겠는가? 아니면 이십사 세의 이 청춘 목숨 살아서 다시 희망이 있을까?' 하는 운명적인 판단은 잠시 가슴을 아프게 하였다.

그래도 '다시 한 번 잘살아 보자'는 결심을 굳히고 청진을 떠나 서울로 향하였다.

소련 공군의 기총 사격을 받으며 걸어서 구사일생으로 5일 걸려 서울에 도착하니 1945년 8월 15일이었다.

이 험난한 일생을 어찌할꼬!

꿈에 그리던 조국이 해방을 맞았지만 닥쳐올 험난한 시련의 미래를 생각하면 참으로 암울하였다.

최선을 다하여 운명의 가시밭길을 헤치며 잘살아 보려고 하였으나 물거품이 되었으니, 시대를 잘못 태어났는가?

다시 고향 땅에 와서 농촌에 몸담아야 했다.

제2막
가난과 싸우다

청년에서 중년으로

전후 5년이라는 사회생활에 이렇다 하는 성공의 기회를 얻지 못하고 조국 해방을 맞이하니 다시 취직하기란 쉬운 것이 아니었다.

즉, 친일파(親日派)라는 이름이다.

다시 고향 집에 와 궁색한 가정 형편을 보며 마음은 괴로웠지만 머무를 수밖에 없었다.

농사도 못하고 어찌할 것이냐는 형들의 학대에 근심은 뼈를 사무치게 하였다.

단지 어머니와 둘째 형수의 사랑을 받았는데, 그럴수록 형들의 눈총은 심해져만 갔다.

이러한 상황에서 극적인 일이 벌어졌다.

큰 형수의 농담 한마디로 이웃에 살던 이종근의 누이동생 이종연과 약혼 하게 되었다.

그의 어머니 남정애 씨는 내가 아무것도 없는 빈털터리인 것을 알고도 농담을 진담으로 들었으니 기적이 아닐 수 없었다.

남이 안 되기를 바라는 이웃에서는 수다가 자자하였다.

박광운의 부인 만례 어머니와 정능산의 어머니는 남정애 씨를 찾아가서, "불알 두 쪽밖에 없는 놈에게 왜 딸을 주느냐?"고 하였다고 한다.

이종근의 집안에서도 "부잣집이 허다한데 왜 가난뱅이에게 주느냐?"고 말렸는데, 그가 사촌 처남이 된 서초구 원지동 이종득이다.

이런 소문을 들은 나의 마음은 한(恨)이 되었다.

한편 어려운 형편에 있는 나에게 누구의 말도 듣지 않고 끝까지 어려운 결정을 내린 남정애 씨는 나의 어디를 보고 5남매의 외동딸을 나에게 보내려 했는지를 생각해 보면 그녀의 입장에서는 아찔했을 것이다.

딸을 나에게 보냈는데 남과 같이 잘살지 못한다면 이웃이나 집안에서 '그거 보라'며 공격을 퍼부을 것이 뻔한 것 아닌가!

그렇다면 내가 처로 맞이한 이종연은 어떤 여성인가?

그녀는 당시 17세로 잘 알고 지내는 이웃 시골 여인이요, 아까울 정도로 그다지 마음에 드는 여인은 아니었다.

단지 그녀의 어머니의 진정심에 탄복하여 그분의 뜻을 받아들였다.

그녀의 어머니는 배움이 부족하였고, 내가 야학을 해서인지 마을 사람들이 그렇게 딸의 결혼을 말림에도 개인적으로 굳게 결심하였으니 내심 고맙지 않을 수가 없다.

십여 년 전에 어머니가 누에를 쳐 짜서 보물 같이 간직했던 명주바지 저고리에 두루마기를 빌려 입고 혼례식을 한 것은 25세인 1947년 2월 2일이었다.

당시 큰형 재준의 생활고로 둘째 형 천돌이 어머니를 모셨다.

나도 처와 함께 둘째 형 집에서 기거하며 3개월을 지냈는데, 형의 학대로 처는 친정으로 갔다.

마치 전설의 흥부전 같았다.

둘째 형이 "너는 농사도 못 지으니 나가서 쪽박이나 차라."고 하며 쫓아내었다.

맨몸으로 쫓겨난 것이 1947년 5월이었다.

나는 할 수 없이 다시 큰형 집으로 왔는데 큰형 역시 학대를 하였다.

어찌할 바를 모르는 나는 큰형네 바깥마당에 주저앉아 울었다.

그야말로 비극이었다.

할 수 없이 처가댁을 가니 마침 처남댁이 친정에 가서 한 달 동안 오지를 않았다.

마침 여름이라 처가 마루에서 지내며 호강하였으나 그것도 잠시 처남댁이 친정에서 돌아왔다.

처가에서 의논 끝에 초가 두 칸을 사주었는데, 그 집은 둘째 형의 장모가 살던 집으로 형의 장모가 둘째 형 집으로 들어가자 나에게 판 것이었다.

그러자 어머니는 둘째 형 집에서 나오셨다.

이리하여 신혼생활이 시작되었는데, 들어간 집에는 수저 하나 생활 도구가 없었다.

동기간에 누구 하나 도와주는 이가 없자 장모님이 옹솥 하나, 수저 둘, 사발 두 개를 주선하고 보리쌀 한 말을 보태주었다.

그야말로 처량한 신세였다.

안경 구두 신사 차림의 전후 5년의 좋았던 시절은 어디 가고 무명옷에 짚세기 신세가 되었고, 동기 친척들이 비웃고 이웃들이 내려다보니 아픈 가슴 이를 데 없었다.

그러나 이런 신세가 앞날의 희망을 품게 하고, 쓰라린 피와 땀이 이마에 흐르며 무명옷을 적시니 기억에 새롭다.

밤이면 해보지 않던 짚세기를 삼고, 낮이면 청계산에 가서 나무를 베어 장작을 해야 했다.

아닌 밤중에 날벼락도 유분수(有分數)라고 했던가!

몸이 견디지 못하고 눕게 되었다.

약을 살 돈이 없어 그냥 낫기를 바라는지라 처가에서 보리쌀 한 말 준 것을 얼마나 먹으리오!

당시 장작 한 평을 쪼개어 팔면 400원을 받고, 한 평을 지게로 지어 내리면 200원을 주었다.
보통 사람들은 장작 한 평을 일찍 하는데 나는 이틀을 걸려야 했다.
당시 보리쌀 한 말에 400원이었다.
이렇게 일하다 병이 나서 눕게 되면 먹을 것이 없으니 장모님이 처남댁 모르게 보리쌀을 조금씩 치마폭에 싸서 갖다 주었다.
아! 아! 가슴 깊이 새겨진 이 가난의 한을 어떻게 달래리!

때로는 장모님이 몰래 갖다 주는 보리쌀을 처남댁에게 발각되면 처가에서 불평이 많았다.
이웃을 통해 어린 처에게 전해지면 처는 나에게 이야기하였으니, 서로 미안하고 서로 가슴 아픈 일이 아닐 수 없었다.
항시 앞날을 근심하며 사는 것도 힘들었지만 장모님을 뵐 때마다 죄송하고 미안하였다.

결혼한 지 2년이 되는 27세의 봄이었다.
경기도 광주경찰서 대왕 지서장이 나를 찾아왔다.
'경찰직원으로 선정되었으니 개성 경찰학교로 가라'는 명령이었다.
현금 1,000원에 백미 서 말을 주며, 즉시 가라고 독촉을 하였다.
내가 집에 쌀도 없고 돈도 없다고 지서장에게 말하였다.
그는 자신이 다 대어 줄 테니 가자고 하였다.

나는 개성으로 갈 준비를 하고 처에게 말하였다.
"지금 같이는 못가고 개성경찰서에 가서 정착하면 올 수 있도록 하겠다."
나의 말에 처는 매우 불안해하였다.

그러나 현실을 생각하면 어떤가!

적응하기 어려운 농촌 생활, 처가에게 신세를 지고 부담을 주어야 하는 것도 힘들었다.

나에게는 좋은 기회라는 생각이 들었다.

마음 아파하는 처를 뒤로하고 지서장과 집을 나왔다.

지서장과 함께 도선 고개를 지나는데 장모님이 거기까지 뛰어와 나를 잡고 눈물을 흘리며 길을 막았다.

'가려면 딸과 같이 가거나 아니면 혼자는 못 간다'는 것이었다.

나는 장모님을 다음과 같이 설득하였다.

> "하나밖에 없는 딸을 아무것도 없는 저에게 보내시고, 가난한 농촌 생활에 처가에 폐를 끼치고 불안케 하며 장모님을 괴롭히니 차라리 제가 떠나면 장모님과 처가댁에 위안이 되고, 제가 가서 자리가 잡히면 처를 데려가겠으니 염려 마시고 돌아가세요~"

그러나 장모님은 울면서 결사적으로 길을 막았다.

> "자네의 마음을 잘 아네~ 내 딸이 너그럽지 못하고 배운 것이 부족하여 자네가 가서 뜻대로 잘된들 내 딸을 데려 갈 것 같지도 않고 또 이곳에서 여러모로 괴로운 줄 알지만 이런 고통은 잠시일 것이니 참고 노력하면 반드시 좋은 날이 올 것이네~"

그러자 옆에서 보고 있던 지서장은 나를 나무랐다.

그는 비웃으며 "남아 대장부가 여인들한테 지다니 남자가 아니네." 하고 가버렸다.

때는 바야흐로 육이오 한국전쟁을 6개월 앞둔 지극히 위험한 시기였다.

삼팔선을 국방경비대 경찰이 방어할 무렵이었다.

이리하여 좋은 기회도 놓치고 다시 금토리에 주저앉아 살아야 했다.

동기 친척 집에 가면 동냥하러 온 줄 알고 미리 겁을 내며 내색이 다르고 만남을 꺼려하였다.

이러한 것을 아는 어머님은 동네잔치가 있어도 업신여긴다며 가지 못하게 하셨다.

이렇게 자라서인지 성장해 가면서 남의 집으로 무엇을 빌리러 가지를 않고 열심히 농사를 지으며 살았다.

근근한 노력의 보답으로 28세에 금토리 223번지 논 555평을 매입하였다.

이승만 정부의 농지개혁 덕분이었다.

또한 금토리 317번지에 초가 7칸을 세우고 어머님을 모셨다.

이제 가정생활에 어느 정도 질서가 잡히게 되었다.

때는 29세 되던 1950년!

한반도의 정세가 뒤숭숭하였다.

해방 후 북한에는 소련 군정이 들어서며 김일성이 권력을 잡고 공산주의 독재 체제를 잡아가고 있었고, 이에 반하여 남한에는 이승만 중심으로 자유 민주주의 헌법을 제정하였으며, 그는 대한민국 초대 대통령으로 과도 정부를 이끌었다.

그러나 남한에도 박헌영 등 공산주의자들이 북한 공산당과 손을 잡고 나라를 혼란하게 하였다.

그런 가운데 드디어 육이오 한국전쟁이 터졌다.

남북한 간의 피비린내 나는 골육상쟁(骨肉相爭)이었다.

김일성이 소련을 등에 업고 남침을 강행한 것이었다.

한국전쟁이 주는 교훈은 명확하였다.

북한의 권력을 잡은 공산주의자들은 노동자들이 잘살아야 한다며, 오직 일당 '노동당'을 세우고 당 중심 정치를 하는데, 결국 타락한 인간의 본성대로 권력자들은 평등 세상을 명분으로 모든 재산을 몰수하여 분배하지만, 힘없는 백성들은 자유와 인권을 잃고 가난하게 살아야 한다.

전쟁 중 처음 3개월간 북한군의 행태는 몸서리친다.
그들은 강력한 탄압정치를 행하였다.

　저들은 논 한 평에 벼가 몇 포기가 섰는지,
　벼 한 포기에는 벼 몇 대가 있는지,
　벼 한 대에는 벼 알이 몇 개인지~

이런 식으로 모든 곡식을 조사하여 공물로 바치게 하였는데, 사실상 수확한 곡물 전체를 바치라는 것과 다름없었다.
비록 3개월이지만 이것이 공산주의 정치임을 체험하였다.

그뿐인가?
29세인 음력 11월 19일 생일을 6일 앞두고 '제2국민병'이라는 명칭으로 남쪽으로 피난하는 사람들을 보호하며, 가족을 두고 집을 떠나 경남 삼랑진까지 가야 했으니, 엄동설한(嚴冬雪寒)에 고생은 당연하였다.

먹을 것도 부족하고, 허술한 창고에서 겨울을 나니 허다한 사람들이 죽었다.
이 책임을 물어 방위사령관 김윤근 준장이 살해되었다.
하나님께서 나의 모진 목숨을 살려주셨다.
29세 11월에 집을 떠나서 30세인 4월에 삼랑진서 금토리 집까지 9일을 걸어오다가 너무 힘들어 탈진하여 땅에 주저앉았다.
집에 계신 어머니와 처자는 어찌 되었을까?

"하늘의 하나님! 굽어 살피소서! 어찌 이런 세월에 태어나 이 같은 고생을 겪으며 살아야 합니까?"

한없는 눈물이 앞을 가렸다.

집에 도착하니 폭격을 받아 기둥이 부러져 나가고 문이 부서져 형편이 없었다.

때는 농사철이었다.

남들은 이미 농사 준비가 끝나 논에 모내기 준비를 마치고 있었다.

그러나 나는 늦게 전답을 일구어야 했다.

그래도 열심히 준비하여 남들보다 일찍 모내기를 마쳤다.

고된 여름이 지나 가을이 가고 겨울이 되었다.

산에 가서 땔나무를 하여 때고 남은 것을 판교나 고등리에 지고 가서 팔았다.

그해 12월 추운 날이었다.

팔려고 세 마차에 해당하는 30짐 땔나무를 준비하였다.

어느 날 처남 이종근이 둔전리에서 나무 세 마차를 주기로 하고 새끼 돼지 두 마리를 사왔다.

그는 두 마리를 키우기 어려우니 한 마리를 나에게 키우라고 하였다.

나무는 문제가 아니었다.

엄동설한에 돼지를 키우는 것이 문제였다.

돼지 새끼가 밖으로 나와 들로 산으로 도망 다녀 붙잡으러 다닌 것이 한 두 번이 아니었다.

나이가 31세 되던 5월 봄, 돼지가 많이 커서 5,500원에 팔고, 수송아지를 3,100원에 암송아지를 2,500원에 사서 암송아지는 큰 형님에게 드렸다.

어린 송아지인지라 풀을 베어다 주어도 잘 안 먹고 밥을 주어도 잘 안 먹어 키우기가 매우 힘들었다.

이렇게 키우며 최선의 노력을 기울여 3년 되던 해 8월 추석에 큰 소를 84,000원에 팔았다.

이렇게 매년 추석에 송아지를 사서 키우고 2년 후 섣달그믐 설전에 팔면 35,000원에서 4만원씩 이윤이 남았다.

남는 돈들은 이웃에게 고리채로 빌려주었다.

3년 사이를 두고 전답을 매입할 수 있었다.

사십 세가 될 때까지 산 땅은 시흥리 319번지 논 1,232평, 사송리 264번지 논 917평, 시흥리 219번지 논 980평, 낙생면 백현리 800평, 낙생면 삼평리 700평, 금토리 308의 5번지 밭 730평, 금토리 331번지 밭 1,334평, 금토리 102번지 산 7,000평, 합계 논 6,000평, 밭 2,000평, 산 7,000평 등 눈부신 성장은 누구도 뒤따르지 못했다.

15년 계획으로 조선기와로 행랑채를 건축하였다.

금토리 마을에서는 첫 번째 기와집이었다.

이제 가난의 설움이 물러가고 안정된 삶을 누릴 수 있었는데 가장 기뻐하는 분은 어머님과 장모님이셨다.

소용돌이치는 풍상(風霜) 속에 갖가지 사연과 뼈 맺힌 가난의 설움을 반복하던 어머니의 한을 씻어 드릴 수 있었다.

해마다 봄이면 쌀 얻으러 오는 사람, 돈 얻으러 오는 사람이 대문 앞에 줄을 이었다.

어머니의 기뻐하시는 웃음소리가 나의 마음을 달래니 기쁨에 목이 메었다.

어머니를 학대하던 이웃 동기 친척들은 어머니의 복된 팔자를 부러워했다.

그러나 안타깝게도 어머니는 나의 나이 45세 때 75세를 일기로 눈을 감으셨다.

피눈물로 몸부림쳤던 시절을 노래하다

동방에 해가 돋아 서방에 지니
일조일석 태어난 이 몸 누구 덕인가?
남만 못한 생활난에 어려서부터 결단은 필요하다
후세의 희망 이를 갈고 간 곳은 일본이었다

삼 년의 타향살이 기나긴 세월
소매에 눈물 젖고 돌아와 보니
여지없이 가난한 삶 기가 막혀 또 떠나니
만주 압록강 사연의 서릿바람 매서웠도다

남자 마음 여자로다 고향 생각 철없는 마음
다시 귀향하나 한숨에 못 견디고 또다시 떠나
운명의 설움 지고 청진을 가니
생명이 위태했네 천한 이 목숨

온갖 고난 겪고 다시 귀향하여
지성이면 감천이라 하나님 도우시니
부부 금슬 좋아 복된 가정을 일구었네
한 많은 과거 청산하며 밝은 앞날 열리네

종중 창설과 경과

가정 경제는 놀라운 성장을 하였지만 잠시도 소홀히 할 수 없었다.

산에 가든지 들을 가든지 눈여겨 살펴보니, '저것은 누구네 산소 비석, 이것은 아무네 종중 우전'이라는 말을 듣고 보는 마음을 움직였다.

조상을 받드는 후손이라면 선대의 종중산을 보유하고 보존함이 당연지사이나 우리 종중에는 부끄럽게도 흔적(痕跡)이 없었다.

선대의 산소 규명조차 확실하지 못하였다.

통상 7월 벌초 날이면 행사를 마치고 모두 한 자리에서 점심을 즐기는데 우리는 실천을 못하니 얼마나 부끄러운 일인가!

종중 일은 통상 풍속으로 집안의 대종가가 주관한다.

우리 종중의 종가는 나부길 씨로 나이가 60세이며, 그 아들 야곱이 40세인데, 야곱은 남의 집 머슴으로 술만 좋아하니 종중에 관심을 두지 않았다.

그렇다고 보고만 있기에는 종중의 수치(羞恥)요, 나의 수치다.

뜻있는 집안 어른들을 모시고 종중 문제를 상의한 끝에 단기 4281년 10월 23일 가장 열의 있는 4촌 형 나명석과 함께 집들을 순회하며 쌀 한 말씩을 거두었다.

처음으로 쌀을 낸 분이 나부길·나재식·나시문·나재준·나재철·나인복·나명석·나혜성·나재훈·나재명, 이상 10명으로 쌀 10말이 집곡되었다.

이 쌀은 내가 보관하였다.

7월 벌초에 쓸 쌀 2말을 남기고 년 6부의 벼를 받기로 하고 빌려주었다.

목표는 종중산 확보였다.

단기 4284년 10월 30일, 2차 종중 운영비 납부였다.

나재진·나성윤이 쌀 서 말씩 납부하였고, 나재훈은 나재식과 의견 충돌로 쌀 두 말 사 홉을 내고 차츰 종중에서 탈퇴하였다.

불과 10여 집이지만 종중 일은 결코 쉽지 않았다.

교양이 부족하고, 욕심이 많고, 이해심이 없어 단결하지 못하니 악마의 아수라장의 곡경(曲境)의 사연을 겪어야 했다.

나부길의 아들 야곱과 부길의 아우 우길은 대종가가 할 일을 당치않게 나선다며 미워하였다.

눈이 있어도 보지 못하고 귀가 있어도 듣지 못하는 어처구니없는 인간들을 어찌하리오!

그러나 나는 결코 굽히지 않았다.

사촌 형 명석이 열심히 협력해 주었다.

매년 10월 30일을 종중 정기회의의 날로 정하고 명석이 형님 집에서 회의했는데 떡을 준비하고 불러야 왔다.

참으로 기가 막혔다.

그러나 나는 단호하게 추진하였고, 종중의 목표와 질서는 잡혀 나갔다.

벌초해도 누구 산소인지 모르고 했으나 단기 4288년 7월 20일 광주 나 씨 각 묘지 상하를 조사하고 명분을 확인하였으며, 족보는 종중의 가보(家寶)라 하여 세 차례에 걸쳐 나주시 금호사를 방문하였다.

그리고 마침내 단기 4292년 11월 20일!

대보 1질 열 권, 파보 1질 상하 2권을 편찬하여 나주 종친회로부터 접수하고, 역사적 기념식을 우리 집에서 성대히 거행하였다.

나아가 종중 대사(大事)를 뒷받침하기 위하여 단기 4287년 10월 30일 종중 부인회를 창설하였고, 4303년 둔자리 묘지를 조사하여 우리 선영 묘지를 명확히 하였다.

1958년 10월 30일, 종중 쌀 대부를 5부로 내렸는데, 1960년에는 불운인지 정부가 사설 고리채 정리를 하며 충격을 받았다.

당시 마을에는 임○○이 면 서기로 일하고 있었다.

그가 한 마을에 살며 종중 쌀을 빌려 간 채무자 신형봉과 정순길의 처 등에게 정부의 사설 고리채 정리에 대하여 알려 주었으며, 그들은 즉시 나에게 와서 면사무소에 신고해 주기를 요구하였으니, 기막힘에 눈시울을 붉혔다.

10여 호의 종중에서는 말 한마디 거들고 협조하는 사람이 없었다.

나는 화를 못 이겨 자리에 누워 3일을 지냈다.

당시 종중 쌀을 고리채를 쓴 사람은 신형봉 2가마, 박도천 2가마, 정순길 2가마, 윤만길 2가마 5말, 권혁하 3가마였다.

이들은 모두 고리채 신고를 하였다.

그러나 고리채 신고를 하지 않은 자들도 있었는데, 임재준 쌀 1가마, 이충근(나월자 시부) 3가마, 정상옥 6말이었다.

이리하여 종중 창설 13년 동안 뼈에 맺힌 공로도 아랑곳없이 물거품이 되었고, 7월 벌초 쌀조차 막연하였다.

나는 과감하게 용기를 냈다.

2년 동안은 우리 집에서 벌초 때마다 식사를 대접하였다.

그 후에 조카뻘 되는 광원이 2년간 식사를 대접하였다.

때마침 정상옥의 아들 능언이 나시문·나재훈에게서 장래 쌀을 주었다는 소식을 듣고 갚을 때 내게 알릴 것을 약속하였다.

그러나 재훈은 약속을 듣지 않고 사람은 신용을 지켜야 한다며 능언에게 주었다.

나광해는 사촌 형 명석 집에 쌀을 1년간 보관하며 묵혔는데, 종중 일에 열정(熱情)을 가졌던 명석 형은 쌀을 다 쓰고 갚지를 않았다.

싸움 끝에 1년 만에 빚을 갚았으나 사이가 나빠졌다.

그 형은 그 이듬해 세상을 떴다.

다시 7월 벌초 때 식사가 문제가 되었다.

서기 1963년 9월 21일, 화폐개혁으로 고리채 총액 256,000원이 25,600원이 되어 1차 이자로 7,680원을 받아 송아지를 사서 나해성이 키웠다.

1964년 8월 송아지를 10,000원에 팔았다.

이익금을 청산해 나해성에게 주고, 나머지는 쌀 세 가마로 계산해 내가 5부로 빌렸다.

1964년 8월 25일, 총액 25,600원 고리 채권을 75%로 19,200원에 팔아야 했다.

싸게 판 이유는 이렇다.

당시 농협에서 고리채를 담당하였다.

내가 고리채 채권만 가지고 있을 뿐 이자도 한 번밖에 안 주고, 당시 회장 배석환을 통해 이자를 마을 채무자들에게 받으라고 하였다.

그러나 채무자들은 줄 생각도 하지 않고 버텼다.

이리하여 고리채를 팔아 버린 것이다.

1965년 11월 23일, 내가 빌린 쌀 원리 4가마 5말 값이 14,400원이고, 고리채 판 값 18,550원으로, 종중 돈이 합계 32,950원이었다.

즉시 소를 사서 내가 키웠다.

1966년 8월 2일, 소를 팔아 이익금을 청산하고 잔액 145,500원을 판교 농협에 정기예금을 하였다.

이듬해 판교 농협에서 175,000원을 찾았다.

1970년 11월, 나광원은 위 돈을 월부 이자로 빌렸다.

그러나 그는 부친과 모의 차용증서를 남겨 놓은 채 사기를 쳤다.

종중 창설 25년 만이었다.

차용증서 주 내용은 이렇다.

그 이듬해인 1971년 11월에 원리금을 갚기로 하였다.

만일 그 안에 적합한 산이 나면 반드시 원리금을 갚고 산을 사기로 하였다.

그러나 차용증서를 써주고 4년이 되어도 무소식이어서 내가 '산을 사자'고 독촉을 하자, 광원은 '왜 서두느냐'고 난동을 부렸고, 완력으로 끝을 맺었다.

광원은 고등학교를 졸업하였다.

당시 가장 믿을만한 미래의 종중 일꾼이었다.

고리채 문제로 어려움을 경험한 나는 그에게 종중 일을 인계하고 고문으로 뒤에서 도우려고 생각하였다.

나의 뜻을 이야기하였으나 그는 시기상조라며 듣지를 않았다.

믿는 도끼에 발등 찍힌 셈이었다.

나는 부모님 살아계실 당시 잊지 못할 사연들을 되새겨 눈코 뜰 새 없이 바쁘게 무료 봉사를 하였다.

배움이 부족한 마을 사람들을 대상으로 야학을 하였다.

상억 모, 일산 모, 억인 처, 학현 처, 기환 모, 능선 모, 만례 모, 광주 모 등이 당시 야학에 참여하였는데, 편지를 써달라고 하면 서슴없이 써주었다.

부모 시절에 경험한 아픔의 빚들을 이제 내가 갚아 빚도 놓고, 야학도 가르치고, 편지도 써주니 감개(感慨)가 무량(無量)하였다.

그뿐만이 아니었다.

내가 사는 금토리 외동 마을 공동 사업으로 손풍기 2대, 벼 타작기 1대, 정미기를 구입하려 했으나 장단꾼 정능철과 임상윤의 반대로 좌절되었다.

그들은 술로 한 몫 보는 자들이기에 나와 뜻이 맞지 않았다.

이렇듯 가난을 극복하기 위해 심신이 힘들어도 가정 일에 매진하고 종중 일과 마을 일에 힘쓰니 당연지사 48세부터 시력이 저하되어 안경을 써야 했다.

농지는 늘어 가는데 일꾼이 부족하여 새벽부터 일어나 일할 수밖에 없었다.

따라서 어딜 가나 술친구가 없었다.

노름판이 벌어지면 치가 떨렸다.

잠시만 쉬어도 과거의 역경이 마음에 사무쳤다.

항시 조용히 옳은 일에 최선을 다하고 노력을 기울이니 집안의 힘든 대사는 나에게 의뢰하였다.

농사일부터 공적인 일까지 많았는데, 곧은 나무는 많은 사람이 탐을 내 꺾이기가 쉬운 법, 주위의 악한 자들의 농간(弄奸)에 주의해야 했다.

생활 혁신

　온갖 역경을 이기며 일한 결과 많은 농지를 갖게 되었으나 인력이 부족하였다.

　경작하는 농지들이 여기저기 흩어져 있었다.

　고산골 닷 마지기를 경작하기 위하여 2km의 높은 산길을 걸어야 했다.

　몸만 가는 것이 아니라 쟁기를 지게에 지고, 소를 끌고 소죽도 지고 가니 쉬운 일이 아니다.

　이렇게 15년을 일했다.

　어릿골 논이 네 마지기인데 좀 빨리 가려면 3km의 작은 산길을 걸어야 했다.

　육골 논도 1.5km의 산길을 걸어야 했다.

　이 같은 농사의 고통을 누가 알까?

　나도 힘들지만, 7남매의 어머니인 아내 역시 농사에 협력하여 때마다 음식을 머리에 이고 집에서 농사짓는 곳까지 날랐으니 얼마나 힘들었을까?

　그러나 아내는 잘 참고 도와주었다.

　바야흐로 장년 시절이 황혼으로 바뀌는 49세에 본격적으로 자녀 교육에 치중하였다.

　때마침 박정희 정부는 1968년 경부고속도로를 착공하였다.

서울 사람들이 마을에 와서 땅을 사기 시작하였다.

평당 200원 하던 땅이 2,500원으로 올랐다.

나는 농사짓기 힘든 땅들을 정리하였다.

500여 평의 전답이 평당 230원에 고속도로로 들어가 손해를 입기도 하였다.

농지가 멀어 농사가 힘든 땅들은 싸게 팔았다.

논 1,500여 평을 평당 500원에 팔아 평택군 팽성면 평궁리에 가서 평당 248원에 논 2,500평을 샀다.

고산골 논 1,232평을 평당 1,400원에, 육골 논은 19,500원에, 어릿골 논은 2,750원에 각각 팔아 동 평궁리에 3,457평을 967,960원에 샀다.

1971년 5월 11일 평궁리 논 1,428평을 평당 320원에 샀다.

평궁리에 전부 산 평수는 8,553평으로 총금액 2,083,608원, 등기비 3만원, 구전 3만원, 취득세 3만원이었다.

원주민인 나재홍의 소개로 원주민 설경태가 4,500원에 4,228평을 경작하기로 하였다.

상기 전답을 관리하기 위하여 평택읍 평택6리 176번지에 신축 건물을 87만원에 샀다.

또한 평택읍 평택리 182번지 논 1,088평을 평택 거주 최기준 씨와 공동명의로 평당 700원에 사고, 1970년 8월 평당 2,000원에 팔았다.

여기서 얻은 수익으로 금토동에 평당 150원에 임야 5,000평을 594,760원에 사서 1974년 2월 평당 300원에 팔아 정리하였다.

1971년 1월 23일 팽성면 추팔리 11번지 답 1,750평을 평당 345원 총 603,750원에 샀다.

당시 평택군에서 경지 정리를 하여 총 8,700여 평 총투자금은 3,668,158원이었다.

1971년 5월 11일, 말썽 많던 금토동 319번지 일대 대지 1,100여 평을 형 나성윤과 공동명의로 샀다.

이렇게 세월이 가며 생활에 놀라운 변화가 따랐다.
평택에 많은 농지를 보유하고, 금토동에도 3,000여 평의 전답과 집이 있었다.
평택으로 이사 가려 하였으나 처가 고향 떠나기를 원치 않았고, 학교에 다니는 어린 자녀들을 데리고 이사함이 쉽지 않았다.

평택 집은 보증금 5만원, 월세 12,000원에 임대하였다.
월에 한 번씩 월세를 받으러 가면 마담 최인섭과 여 종업원들이 농담하며 유혹을 하였다.
이상하다.
피눈물 나는 과거가 눈에 아른거린다.
그렇게 겁이 날 수가 없다.
나는 점잖게 그들에게 타이른다.
　"왜 이런 직업을 선택했느냐? 세상에 태어나 가장 큰 소원이 무엇이냐?"
나는 그들에게 물었다.

어떤 사람은 너무 가난하여 돈 벌려고 택했다고 한다.
누구는 사랑을 받으려고 택했다고 한다. 제각각이다.
나는 일렀다.
　"일생을 살면서 옳은 마음으로 옳은 일에 성의와 노력을 다하면 옳은 일이
　기필코 올 것이다."

그들은 마음에 탄복하며 그 후에는 유혹하지 않았다.
다만 노랭이라고 불렀다.
집에 돌아오면 오줌지게를 지고 한시도 놀지를 않으니 친구들과 즐기며 노는 날이 없었다.

항시 비상한 마음으로 지냈다.

때로는 어머니 시절 옛 추억이 떠올랐다.

어머니는 종종 말씀하셨다.

　"은만아! 언제나 우리도 배불리 먹고 남과 같이 잘살아 볼까? 너의 형들은
　늘 배가 고파 기갈인데, 너도 배고프지?"

　"어머니! 너무 무리하지 마세요~ 그리고 염려 마세요~ 음지가 양지 되고,
　쥐구멍에도 볕들 날이 있지요. 어머니 한을 반드시 풀어 드릴게요~"

나는 힘주어 대답하였다.

이 시절을 어찌 잊겠는가!

언제나 항시 비상한 마음을 간직할 것이다.

황혼에 접어든 나이 50세.

온갖 삶의 파고를 헤치고 넘으며 심신이 많이 쇠약하였다.

그러나 작고하신 부모님의 한(恨)인 가난을 극복하고 사회적 지위를 얻기
까지 7남매를 교육하고, 남을 돕기에 이르니 그야말로 역사를 창조함이다.

종중 대소사에 귀빈들이 오면 나를 찾았고, 공적인 일에도 나를 찾았다.

이러한 모든 것이 억지로 되는 것이 아니요, 하늘의 뜻이라고 생각한다.

연소득이 평택에서 내가 경작하면 쌀이 140가마, 남에게 경작을 맡기면
56가마였다.

추수를 하여 1973년에는 80만원 예금에 평당 850원에 논 303평을 샀으며,
1974년에는 70만원을 예금하였다.

교육비는 월 자동 수입 5만원이 확보되어 있으니 6명이 학교에 다녀도
어려움이 없었다.

이처럼 지난 20여 년의 피어린 정성의 열매는 건강한 가정을 되찾았고,
가화만사성(家和萬事成)의 토대가 되었다.

마을에서는 가장 많은 세금을 납부하였다.

누구도 따를 수 없는 행동과 노력은 변치 않았다.

과거 부모님 시절에 손님이 오면 집이 허술하여 겁을 내고 부끄럽다고 하였으나, 이제는 부락에서 으뜸가는 가정환경이요, 종중 귀빈이면 우리 집으로 모시고 왔다.

이렇게 가정 형편이 나아지며 집에 오는 손님이 많았다.

이러한 눈부신 발전을 교훈 삼아 후손들은 대대로 헛되이 방심(放心) 말고 시종 올바른 마음으로 옳은 일에 성의(誠意)와 최선의 노력을 하고 부모에게 효도하며 나라에 충성을 다해야 한다.

1975년 1월 11일, 54세의 봄.

가정은 평화로웠다.

7남매의 교육비 대책으로 은행에 400만원이 예금되어 있었고, 집 임대료 월 5만원 수입과 평택에서 농지 임대료 백미 60가마가 수입되니, 가정생활에 여유가 있었다.

그러나 나의 비상한 마음가짐은 늦추지 않았다.

1976년 2월, 평택 추팔리 9-10번지 논 673평을 평당 2,850원에 사서 ㄱ자형 논을 ㅁ자형으로 만들었다.

이리하여 평택 지역에는 추팔리에 논 총 4,882평, 평궁리에 논 총 4,508평, 합계 9,390평, 약 62마지기의 논을 보유하였고, 평택읍에 대지 540평과 집을 보유하였다.

평택에 사는 족보 항렬상 조카뻘 되는 나재홍에게 관리를 맡기고, 성남 금토동에 살며 매월 10일이면 평택을 오가며 전답과 집을 돌보았다.

그러나 고향에서는 많은 시련이 계속되었다.

나의 눈부신 발전을 시기하는 자들이 있었으니 같은 마을 임가 일족이었다.

1970년대에 성남시는 금토동 지역의 전답에 대한 경지 정리를 하였다.

이때에 임상운의 장남 임성렬과 임억인의 악랄한 마음으로 아버지(나춘삼) 시절부터 경작하던 밭 331번지와 금토동 324번지 44평, 동 410-189번지 54평을 잃게 되었다.

그러나 금토동 326-21번지 6평, 410-125번지 80평은 다시 찾았다.

이러한 상황 속에서 성남시청 산업과 김송희의 불찰로 금토동 220의 44번지 54평을 잃게 되었다.

웃지 못 할 일화가 있다.

1976년 6월 15일, 서초구 원지동에 사는 4촌 처남 이종안의 소개로 원지동 떠돌이 모성현에게 효자문 밭 300여 평의 대파를 2만원에 팔았다.

구전을 1,000원 주고 6월 30일까지 캐가기로 구두 계약하였다.

그는 절반을 캐다 팔았다.

그런데 수익 타산이 맞지 않았는지 사기를 쳤다.

내가 파를 캐 훔쳐 갔다고 경찰서에 신고하였다.

형사가 수사하며 2개월을 끌었고, 남은 파는 풀에 덮이고 무더위에 죽고 말았다.

모 씨는 자취를 감추었다.

파를 캔 인부 12명의 품삯을 내가 내주어야 했다.

당시 성남시 시정(市政)에 대한 일화다.

1976년 7월 20일, 성남시에서는 개발제한구역에 대한 무허가 건물 단속을 하였다.

우리 집은 안채와 행랑 사이에 물받이 슬레이트(slate) 2장을 설치하였다.

단속 담당이 이것이 불법이라고 철거하라고 하였다.

작은 물받이 슬레이트를 철거하면 어떻게 되는가?

비가 오면 끔찍한 일이 벌어진다.

마당이 물 천지가 된다.

시(市) 담당자에게 선처를 구했지만 요지부동이었다.

나도 끝까지 버텼다.

그런데 한 달 후 20여 명의 철거반이 와서 슬레이트를 부수었으며, 철거비까지 물어야 했다.

나는 이러한 정부 정책에 대하여 깊이 생각해 보았다.

정부와 시의 이러한 행태는 탄압정치 아닌가?

백성들의 어려움을 듣고 오히려 도와주어야 할 정부와 시가 아닌가!

그러면 또 이것은 무엇인가?

오○○ 씨는 금토동 산 57번지 임야 수천 평을 개간하여 축사라고 하면서 개발제한구역임에도 집을 지으니 납득이 가지 않았다.

실로 어처구니가 없었다.

아아! 이 나라가 장차 어찌 될 것인가!

여호와 하나님이시여!

이 나라에 정의와 공의가 강물 같이 흐르게 하소서!

종중 창설과 그 의미

1948년 11월 11일!

나는 사촌 형 나명석과 함께 종중사업미(宗中事業米)를 모으기 시작하였다.

당일 나재명 · 나재철 · 나재석 · 나부길 · 나재준 · 나재석 · 나시문 · 나해성 · 나인복 · 나재훈이 쌀 한 말씩 냈다.

1949년 11월 나재진 · 나성윤이 쌀 한 말씩을 내어 총 열두 말이 되었다.

당시 5부 장례로 매년 봄이면 내주고 가을이면 수집하는 일을 내가 맡았다.

심신은 고되었으나 보람이 있었다.

그런데 문제가 발생하였다.

6 · 25 한국전쟁이었다.

그해 12월, 국가의 명령으로 청장년은 남쪽으로 피난을 떠나니 종중사업은 자동 해체되었다.

정전 협정 후 1953년 10월 30일, 종중정기회의에서 종중부인사를 두기로 결의하고, 그 다음해 종중 정치 사찰위를 창설하였으나 별로 효과를 거두지 못하였다.

1957년 10월, 왕래가 없어 하지 못했던 족보 제작을 위하여 나주 금호사를 자비로 3회 방문하여 1958년 10월 15일 족보 편찬을 결정하였다.

당시 남자에 한해 어른 600원, 남아 500원을 거출하였는데, 어른 20명, 남아 24명으로 계 44명 2,400원이었다.

1961년 10월 3일, 다시 종중에 위기가 왔다.
박정희 정부가 사설 고리채 정리 명령을 내렸다.
종중미 100가마가 고리채로 정리된 것이다.
나는 그 충격을 이기지 못하고 병석에 누웠다.
그래도 양심 있는 이웃은 신고를 하지 않았는데 모두 10가마였다.
나는 1962년 10월 30일, 후환을 없애기 위하여 종중에서 빌려 간 쌀을 합하여 최초에 쌀 한 말을 낸 사람들에게 27말씩 분배하였다.

1963년 10월, 정부에서 고리채 현금 7,680원을 수령하여 송아지 한 마리를 6,690원에 샀고, 나머지는 벌초 때 쓰기 위하여 보관하였다.
당시 쌀 한 말은 340원, 보리쌀은 250원이었다.

1964년 8월 24일, 송아지를 팔았는데, 쌀 3가마 값이었다.
내가 5부로 차용하였다.
1965년 11월 23일, 내가 차용한 쌀 3가마 이자 쌀 한 가마 5말 대금으로 14,400원을 저축하였다.
1970년 11월 26일, 나광원이 부친 재식의 보증으로 월 4부로 17,500원 (당시 쌀 25가마 값)을 차용한 후 원리금을 미납하여 어려움이 컸다.

1980년 10월 20일, 종중에서 충돌이 있었다.
나광원이 원리금을 안 낸다고 하였으나, 그의 부친 재식 씨가 겨우 원금만 17,500원을 10년 만에 납부하였다.
1981년 6월 15일, 사채를 빌렸다.
종중 돈이 24만원이 되었다.

농협에 정기예금을 단리로 하였다.

예금 기간 2년 6개월, 연리 22.5%이었다.

매월 이자 4,400원으로, 월 4,300원을 5년 적금하니 만기원리금 40만원이었다.

1983년 12월 30일, 2년 6개월 만기가 되어 40만원을 찾았다.

당시 1년 정기예금 금리가 연 9%였다.

정기적금을 매월 내야 하니 매월 수입에서 2,520원이 부족하였다.

어쩔 수 없이 내가 책임지고 남은 2년 6개월 동안 갚아 나갔다.

1986년 7월 30일, 정기적금 만기금 40만원 수령하다.

1986년 7월 31일, 원금 24만원을 포함 64만원을 연리 11%로 고등동 농협에 정기예금하여 월 5,700원의 이자를 자립예금에 넣고 있다.

1986년 7월 31일, 종중회 잔금 64만원 정기예금 통장과 쌀 한 가마를 7월 벌초에 사용토록 조카인 나광원에게 맡기고, 종중에서 손을 떼었다.

나는 약 40년이라는 세월 동안 종중을 위하여 몸과 마음을 바쳐 일해 왔다.

그 과정에서 가장 인상 깊었던 것은 7월 벌초 때의 중식이었다.

위와 같은 종중회의 우여곡절 속에서 1년에 한 번인 점심 벌초, 어느 해는 예산에 어긋나 점심을 내는 자가 없어 방법을 찾기에 골몰하였다.

최후 수단으로 나는 해마다 쌀 3말씩을 찬조하였다.

그 후 종중에서는 후손 대대로 7월 벌초만은 계속 이어가기로 하였으나 마음이 맞지 않고 협조하지 않아 벌초 때마다 나의 집에서 중식을 치러야 했으니 이 모든 것이 하나님의 도우심이리라!

야박했던 40년의 세월!

타성으로 뒤졌던 여러 종중 문제들을 하나씩 해결해 왔건만 크게 보람을 느끼지 못한다.

오히려 종중을 이끌어 오며 겪은 뼈저린 아픔은 생각할수록 마음에 한(恨)으로 남는다.

1987년 1월 30일, 약 65년 동안 함께했던 고향 산천을 떠나 평택군 팽성읍 평궁리 244-10번지에 정착을 하였다.
이리하여 나의 고향과 종중과는 거리를 두게 되었다.
어찌하겠는가!
종중 사업을 후대에 맡기는 수밖에 없지 않은가!

후손들에게 전하노니 봉사 정신으로 종중 사업에 임하고, 7월 벌초와 중식을 거르지 말고 족보를 보존하기 위하여 나주와 왕래하는 일을 잊어서는 안 된다.
내가 종중 일을 할 때보다 더 열심히 하여 우리 종중이 잘 성장하므로 더 좋은 일을 많이 하기를 당부하는 바이다.

회고해 보건대 선대께서 사시던 19세기경, 나주와의 왕래가 끊겨있었으니 그야말로 우리 광주 나 씨 가문은 쓸쓸한 들판 같았다.
인간의 존엄성을 잃고, 흉년이 들면 금수와 같이 동기 집안도 모른 채 인색하게 살뿐만 아니라, 먹고 마시고 노름으로 황금 같은 시간을 보냈다.
당시 내동의 권 씨 가문과 윤 씨 가문이 포악하게 굴던 시절로서, 저들은 동네 이웃을 깔보며 대하였으니, 나이도 얼마 안 되는 젊은이들이 어른들을 자기 친구처럼 대하기를 서슴지 아니하였다.

어린 시절, 나는 이러한 광경을 허다하게 목격하고 가슴 깊이 새겼다.
'언젠가는 좋을 때가 오리라! 내가 크면 반드시 되갚아 주리라!'
나는 그런 결심을 갖고 일본, 만주, 청진 등을 돌며 일하였다.
비록 큰 성과는 없었으나 객지에서의 피눈물 나는 경험은 내게 큰 교훈을 주었다.

1948년 청진에서 귀향하여 괭이와 삽을 들고 농사를 지은 후 벌써 40년이란 세월이 흘렀다.

가정 경제는 엄청난 성장을 이루었다.

그러나 종중회 등 주위의 환경은 더 거칠어져 있다.

형제간에 정이 없이 욕심만 내는가 하면, 폭력을 일삼아 마음을 아프게 하였다.

같은 마을에 살면서 음으로 양으로 나에게 손해를 입힌 사람은 나성윤 · 나재진 · 나야곱 · 김광희 · 임성렬 · 임억인 등이었다.

이들을 어찌 잊겠는가?

그러나 또한 어찌하랴!

성경은 가르친다.

인간은 어쩔 수 없는 약한 인간이요, 죄인이라고 한다.

나아가 원수를 사랑하라고 한다.

원수 갚는 것을 하나님께 맡기라고 한다.

사랑의 신이시여!

나를 굽어보사 아버지의 뜻대로 하소서!

1986년 12월 30일, 아침 8시. 가슴에 새겨진 지워지지 않는 恨이 있으나, 모든 것을 사랑의 하나님께 맡기고, 눈물을 흘리며 고향 산천을 떠나 평택으로 가니, 어느덧 나의 나이 65세였다.

1950년 육이오 한국전쟁 이후 약 40년간 온갖 지혜와 힘과 열심을 주신 여호와 하나님께 감사와 영광을 돌린다.

후손들도 여호와 하나님을 믿고 일생을 방심하지 말고, 최선의 노력을 하여 좋은 열매를 많이 거두어 여호와 하나님께 영광을 돌리고, 복된 가정과 기쁨을 누리길 기도한다.

제3막

역경에 피는 꽃

- 역경 속에서도 꽃은 피다

- 외가(外家)와 어머니의 한(恨)

- 처가(妻家)와 나의 한(恨)

- 역경을 시(詩)로 노래하다

역경 속에서도 꽃은 피다

1950년 육이오 한국전쟁 때의 일이다.

이듬해 1·4 후퇴 시 정부는 피난민들 보호를 위하여 제2국민병을 징집하였다.

나도 이 시기에 징집되었는데, 나의 나이 30세였다.

전쟁 중 온갖 역경과 사경 속에서 임무를 수행하고 귀향하였다.

어느 날 저녁 꿈을 꾸었다.

지게를 지고 험악한 태산을 거의 다 올랐을 때 갑자기 회오리바람이 일어 아래로 내리굴렀는데 하나님께서 하늘로부터 실 뭉치를 내려 보내셨다.

그 실 뭉치와 함께 땅으로 떨어지며 잠을 깼었다.

이 해가 바로 임진년(壬辰年)이었다.

그해 11월 18일(음) 새벽 3시에 옥동자 광화(光輝)가 태어났다.

추운 날씨였다.

내가 새벽 4시에 밥을 준비하였다.

광화는 왕남초등학교를 우등생으로 졸업하고, 효성중학교에 입학하여 역시 우등생과 장학생으로 성적이 우수하였다.

중학교를 졸업하고 서울사대부고를 응시하였으나 실패하였고, 2차로 신일고를 응시하였으나 역시 실패였다.

광화는 다시 재수하였고, 그 이듬해 서울고를 응시하였다.

시험을 보는 날 폭설이 내렸다.

동행했다가 시험을 마치고 오는데 차가 다니질 않았다.

천호동까지 와서 숙소를 정하는데 숙박비가 모자라 한 파출소 난로 가에서 밤을 지새우고, 다음 날 걸어서 집까지 삼십 리 길을 왔다.

이렇게 고생했으나 다시 불합격이었다.

낙담 끝에 후기는 응시하지 않았다.

너무 지친 것 같았다.

고심 고심하며 의논 끝에 다시 효성고에 진학하였다.

효성고에 진학하니 성적이 매우 우수하여 장학생으로 학비가 면제되었다.

효성고 서무과장 이상철 선생님이 그의 아들 동섭의 가정교사로 광화를 채용하여 그의 집에 거주하며 학교를 다녔다.

한편 광화는 이상철 선생의 주선으로 월반 시험을 치르고 고1에서 고3으로 월반하였다.

봄을 맞았고, 고3이 되었는데 문제가 생겼다.

학교에서 불량학생들이 중심이 되어 데모하였는데, 불행하게도 광화가 연루(連累)되었다.

학교에서는 주모자의 한 명으로 지목하고, 무기정학 조치를 하였다.

어쩔 수 없이 광화는 이상철 선생님 집의 가정교사를 그만두고 학교를 쉬며 서울로 가서 학원을 다녔다.

나는 궁금하여 서무과장 이상철 선생님을 찾아갔다.

그는 전과 달리 냉정하게 대하며 교감을 만나 보라고 하였다.

나는 강원준 교감을 찾아갔다.

그는 더 냉정하게 말했다.

"광화는 퇴학입니다."

나는 순간 앞이 캄캄하였다.

대학을 가려면 졸업장과 증명서류가 필요한데 퇴학이라니 어찌 이럴 수가 있는가?

냉정하게 대하는 학교를 떠나 무거운 발걸음을 집으로 돌릴 수밖에 없었다.

이런 걸 아는지 모르는지 광화는 학원에 가 있었다.

가끔 학비가 떨어지면 집에 와서 공부에 전념하였다.

여름에 소나기가 쏟아져도 마당에 멍석조차 덮지 않았다.

이처럼 공부에만 전념하는데 광화가 정학이라니 믿어지지 않았다.

나는 다시 학교에 찾아갔다.

이상철 선생님을 만나 간곡히 선처를 요청하였다.

그는 광화가 현수막을 들고 앞장서서 데모하여 섭섭하다고 하였다.

나는 아니꼬우나 선생님들을 찾아다니며 간곡히 용서를 빌었다.

이런 노력 끝에 광화는 다시 무기정학을 면제받고 학교에 다니게 되었다.

이런 과정 속에서 대입 예비고사에 응시하여 인천에 가서 시험을 보았는데 불합격이었다.

광화는 크게 낙담하였으나, 나는 낙심 말라고 용기를 북돋우며 실업전문학교에 진학할 것을 권했다.

그러나 광화는 무슨 생각에서인지 다시 공부에 전념하였다.

때로는 식사도 제대로 하지 않고 방에서 책을 붙잡고 씨름하였다.

이웃에서도 사람 버리는 것 아니냐며 걱정하였다.

이때는 내가 생활 혁신을 부르짖으며 평택에 가서 전답을 살 무렵이었다.

나의 나이 50세가 되었다.

평택 농지를 광화 명의로 등기하려고 아내와 합의하였다.

그러나 어찌해야 하는가?

광화는 공부만 하여 몸이 쇠약해져 갔다.

아무리 건강의 중요성을 강조해도 듣지 않으니, 농지의 명의를 모두 내 이름으로 하였다.

때는 1971년 5월이었다.

광화가 서울에 가서 공부한다며 학원비 3만원을 달라고 하여 주었다.

광화는 서울로 갔다가 20여 일 만에 집으로 와서 또 2만원을 달라고 하였다.

서울 삼선동 도서실에서 자며 새벽에는 우유 배달을 한다고 하였다.

나는 광화가 공부에만 전념하지 않고 우유 배달을 한다니 마음이 놓였다.

운동 삼아서 우유 배달을 한다고 생각하였다.

이럭저럭 계절이 바뀌어 가을이 되었다.

그해 10월, 광화는 해군사관학교에 응시하였고, 11월에는 대학입학 예비고사를 치렀다.

어느 날 밤에 꿈을 꾸었다.

어느 산을 오르는데 빨갱이 놈들이 모여 공론을 하고 있었다.

내가 칼을 휘둘러 일격(一擊)에 물리쳤다.

꿈이 예사롭지 않았다.

당시 집에서는 한국일보를 구독하였다.

12월 어느 날, 어두운 새벽에 누가 대문을 두드렸다.

일어나 나가서 대문을 여니 닭장 집에 사는 강 상무(농협) 부인이었다.

한국일보를 보여주며 광화가 해군사관학교에 합격하였으니 얼마나 좋으시냐며 한턱내라고 했다.

너무나 기뻐서 눈물이 앞을 가렸다.

광화가 미친 듯 오직 공부에만 매달려 자식 잃어버리지 않겠느냐고 주위에서 얼마나 걱정을 했던가!

그럴 때마다 눈이 캄캄했는데 '하늘이 무너져도 솟아날 구멍이 있다'고 하더니 이 기쁜 소식을 들으니 하늘을 날 것 같았다.

두문불출 방에서 나오지 않고 지내던 광화도 합격 소식을 듣고 생기가 돌기 시작하였다.
그런데 대학입학 예비고사가 문제였다.
가슴 졸이며 시험을 치른 서울 배명고등학교를 찾아갔다.
게시판을 보는데 광화 이름이 보였다.
얼마 후 문교부에서 합격증이 왔다.
나와 아내는 너무 기뻤다.
이 증서가 얼마나 대단한 증서이기에 그 무시무시한 가시밭길을 더듬었던가!

1971년 1월 3일 오전 10시, 우체부가 문간에서 찾는다.
나가보니 등기가 왔는데, 해군사관학교 교장 김규섭 소장 명의 등기였다.
개봉해 보니 1월 24일 가입교하라는 통지였다.
만일 그해에 합격되지 않았다면 어찌 되었을 것인가!
이 모든 것이 사랑의 하나님의 놀라운 은혜라고 생각된다.
'시들은 용이 다시 살아난다'고 하더니 광화의 해군사관학교 합격은 광화의 생기 찬 모습과 함께 온 집안이 꽃밭에라도 들어앉은 것처럼 기뻤다.

1971년 1월 23일, 집을 떠나 광화와 함께 진해 해군사관학교로 가며 차에서 많은 생각을 했다.
부디 태산의 큰 용, 대양의 큰 용이 되어라!
말없이 마음으로 앞날에 큰 영광이 있기를 기도하며 가입교식을 보고 상경하는데 온 몸이 풀리며 든든하였다.
가정의 영광이요, 가정사의 영광이라, 길이 빛나리, 영원하리!

우리 광주 나 씨 가문에서는 처음 있는 일이다.

전국 1,800여 명 중 100명에 들어 어마어마한 경쟁을 뚫고 합격했으니 이 어찌 하나님의 은혜가 아닌가!

광화는 임진년 생 용띠이다.

제구실을 찾았으니 나라와 겨레와 민족을 위하여 최선을 다할 것이다.

4년간의 고된 교육훈련을 마치고 1976년 4월 10일, 해군사관학교 연병장에서 박정희 대통령이 임석한 가운데 졸업식이 거행되었고, 이학사의 졸업 증서와 함께 해군 장교로 임관하여 해군 함정에 배치되었다.

그의 앞날에 하나님의 가호(加護)가 함께하시기를!

외가(外家)와 어머니의 한(恨)

　　어머니의 친정은 금현동(지금의 성남시 금토 1통)으로 어머니는 경주 김 씨 집안에서 태어나셨다.

　　외할아버지 김사돌은 많은 재산을 남기고 무남독녀 어머니만을 남기고 세상을 뜨셨고, 얼마 후에 외할머니도 세상을 뜨셨다.

　　어머니는 재산은 많으나 나이가 어려서 재산 관리를 할 수 없었다.

　　집안의 동기들이 재산을 욕심내어 12살 된 어린 아이를 시집보내 우리 가문에 오신 것이었다.

　　그 후 모든 재산은 김수동 사촌 오빠를 양자로 올려 재산의 절반을 갖게 하고, 김개천은 종가라 하여 나머지를 차지하였다.

　　재산을 차지한 저들은 큰소리치며 잘 살았다.

　　그러나 어머니와 우리 가정은 매일 먹고 살기도 힘들었다.

　　이러한 사실을 알게 된 어머니의 충격은 매우 컸다.

　　친정을 찾아가 하소연하며 따져보았으나 저들은 거두절미하며 냉대하였다.

　　거지도 동냥을 주는데 저들은 어머니의 친정 재산으로 살면서 어머니가 집을 찾아가면 오히려 야단을 치며 문전박대하였다.

　　같은 하늘 아래 어찌 이럴 수가 있는가!

속담에 '여자의 한은 오뉴월에도 서리가 오게 한다'고 하였다.

천하에 도둑놈들!

어머니는 발길을 돌리며 큰소리로 외치셨다.

"내 아버지의 피와 땀 어린 재산을 빼앗고 잘 사나 보자!"

집으로 돌아오는 길에 한없이 눈물이 흘렀다.

산천초목이 슬퍼하며 통곡하는 것 같았다.

세상에 그럴 수가 없다.

외오촌인 김수동과 그의 처는 그렇게 매서울 수가 없었다.

'극성이면 필패(極盛之敗:무슨 일이든지 지나치게 되면 반드시 그 끝은 좋지 않게 된다)라고

했는데 너무하였다.

그 자손들까지 부모의 본을 받아 학대가 심하였다.

외6촌 김광운도 마찬가지였다.

내가 13세 때 금현동 서당으로 공부하러 다닐 때이다.

나이는 동갑이지만 저는 잘 먹고 지내고 나는 가난하여 먹지 못하니 그와 형제들에게 늘 주눅이 들어 지냈다.

나는 저들을 피해 다녔는데, 때로는 공연히 따라와서 귀찮게 굴었다.

그의 어머니까지 집에서 나와 때려 주라고 말하곤 하였다.

그나 나나 한 서당에서 배우는데, 그는 공부를 못한다고 선생님에게 매 안 맞는 날이 없더니, 천자문도 다 못 배우고 그만두었다.

외사촌 김학둑 · 박응천 · 박도천이 좀 낮게 산다고 욕설과 행패를 부리기 일쑤였다.

눈물에 손매 절던 그 시절!

돈이 다 무엇인지 같은 사람인데 남도 아닌 혈육을 이리 천하게 대하니 남인들 오죽했으랴!

이리하여 그들은 외가 친척이지만 항렬도 따지지 않고 누가 형이요, 동생인지 막 지내며 오늘에 이른 것이다.

시대는 변하였다.
김개천은 모든 재산을 다 팔아먹고 자식들은 풍비박산(風飛雹散) 되었다.
김광운은 네 번 장가들어 부모와 작별하고 나갔다.
박응천 역시 객사하였고, 김학둑도 역시 보잘것없는 생활을 면치 못하고 있으며, 박도천은 불구가 되어 어려운 생활을 보내고 있다.
박도천은 나와 동갑이고 생일이 먼저인데 나더러 형이라고 부른다.
그의 아내도 나의 안사람에게 형님이라고 부르니 참 알 수가 없다.

어머니의 유언(遺言)이다.
외가 친척들이 허울 좋게 양자니 종가니 하며 우리 재산 빼앗아 살고, 조부모님의 시신을 남의 산 가시밭 속에 묻어 놓고 무관심하며 벌초조차 하지 않아 덤불이 무성하다.
그들이 잘될 것이 무엇이냐?
그래도 "나중에 그들이 널 찾아오면 잘 대해 주라."고 하셨다.

한편 외오촌댁 김광회 모친은 "그래도 믿고 일할 사람은 조카뿐이니 조속히 아카시아 덤불 속의 외조부모님을 화장하라."고 하신다.
어머님께 그 뜻을 전하니 말씀하신다.

"친부모님 재산 다 갖다 먹은 놈들이 해야지, 왜 네가 궂은일을 하느냐? 그만두어라."

그러던 어느 날이었다.
김광운이 나에게 와서 말했다.

"형님! 할아버지 화장할 때 기별할 테니 오세요."

내가 그에게 일을 시작하면 염려 말고 알리라고 하자, 그는 나에게 고맙다고 하였다.

김춘선·김춘명이 모두 어머님의 사촌 오빠인데 김춘선은 세상을 뜨고, 외오촌 당숙 춘명만 사송리에서 살고 있다.

어머니를 가장 학대하고 냉대한 오촌들은 김수동·김개천 부친이었다.

특히 극성으로 유명한 광운 모친은 지금도 살아 있는데 어머니와 그렇게 싸울 수가 없었다.

여자가 그렇게 괴팍(乖愎)할 수가 없었다.

힘이 장사였는데 우리 집까지 와서 어머니와 다툰 것이 한두 번이 아니다.

나의 어린 시절 일이지만 그때 추억이 사라지지 않는다.

김개천의 부친은 개천이와 마음이 맞지 않았으며, 불구여서 앞을 보지 못하였다.

그는 목을 매어 세상을 떴다.

개천이 역시 아들과 맞지 않아 풍비박산, 지금은 어디서 사는지 모른다.

처가(妻家)와 나의 한(恨)

아내 이종연은 성주 이 씨다.

아내는 오래 전부터 금토리에서 이웃으로 함께 살아왔다.

장인 이봉성 씨는 성품은 온순(溫順)하나 입이 거칠어서 그리 자상하지는
못하신 분이셨다.

장모님 남정애 씨는 성품이 온순하시고 배움은 부족하나 자상하셨으며,
4남 1녀로 5남매를 둔, 다복한 가정이었다.

장남 종근은 나보다 네 살 아래로 낙생초등학교를 함께 다녔다.

그의 여동생 종연은 나보다 7세 아래였다.

당시 '여자는 시집가면 끝이니 가르쳐야 소용없다'며 학교를 보내지 않았다.

아내도 마찬가지였다.

그래도 강습소 1년을 다녔으니 기초는 다진 셈이었다.

가정 형편은 아주 넉넉지는 못했으나 우리보다는 나았다.

여러 가지 형편상 당시에는 처가로 이어지기에는 사이가 멀었다.

처남의 오촌인 이교심 씨가 딸 인숙을 내게 줄 생각을 한 모양이었다.

이때는 내가 소학교를 졸업하고 남다른 각오로 일본에 가서 일할 때였다.

일본에서 3년을 일하고 돌아오니 너무 반가워하였다.

산 밑의 작은 예배당 집에서 살고 계셨다.

내외와 두 딸이 있었는데, 나는 아무 생각 없이 그 집을 지나 효자문 밭을 오가면서 만나면 인사하는 정도였다.

한 마을에서 이웃 간에 알고 지내면서 딸을 주고 싶은 마음이 있어도 정작 만나면 혼사 이야기를 나누는 것은 쉽지 않았다고 생각된다.

그래서 가끔 만나면 그동안에 살던 이야기를 나눌 뿐이었다.

이교심 씨는 옛날이야기에 소질이 있기로 유명하였다.

만나면 자상하게 좋은 이야기들을 많이 해주셨다.

때로는 용기도 북돋아 주셨다.

"자네는 마음이 착하니 후세에 높이 될 사람이야."

때는 제2차 세계대전의 끝 무렵으로 일본이 연합군에게 밀리고 있었다.

일본은 최후의 발악(發惡)을 하였다.

한국 젊은이들을 지원병으로, 학생은 학도병으로 강제로 징집하였다.

15세 이상 미혼 여성도 정신대라는 이름으로 징집하였다.

병기를 제조하려고 놋그릇, 숟가락까지 털어갔다.

이러니 딸 가진 부모들은 걱정하지 않을 수가 없었다.

옛 속담에 '병신자식이 소도 본다'는 말이 있다.

똑똑하고 수족이 성한 사람은 남자나 여자나 다 끌어가고 불구자만 남아 부모와 같이 살게 되는 기막힌 시절이었다.

이러하니 부모들은 딸이 15세 되기 전에 결혼을 시켰다.

이교심 씨의 딸 인숙이 그랬다.

그녀는 그의 인척 윤소만의 소개로 돌마면 이매리 손이 불구인 방용섭이라는 강습소 선생에게 15세에 출가하였다.

그렇게 그녀는 정신대에 징집되는 것을 면하였고, 그 시절에는 나를 가장 적합한 사윗감으로 생각하여 부모님이 선택한 것 같았다.

그 후 그녀의 부모님들은 나를 볼 때마다 반가워는 했으나 무언가 섭섭한 마음이 있는 듯이 나를 맞았다.

내가 처 이종연과 결혼한 사연은 이미 앞의 '청춘 시절서 중년 시절로'에서 언급하였으므로 생략한다.

다만 결혼 당시 아내는 16세이고, 나이 차이가 8세로 함께 놀지는 않았는데, 한동네 사람으로 부부가 된다고는 꿈에도 생각하지 못했다.

장인께서는 아들 딸 차별이 심했던 것 같다.

당시 부모들은 대부분 '여자는 시집갈 것이니 결혼 전에 실컷 부려 먹어야 한다. 공부도 아들이나 가르치고 여자는 가르칠 필요가 없다'는 생각을 갖고 있었다.

아내의 말을 빌리면 아버지는 딸만 야단치고 때리셨다고 한다.

그런 것을 옆에서 보는 어머니의 마음은 어떠셨을까?

더욱이 장인께서는 딸을 산에 보내 나무를 해오게 하셨다고 한다.

이참에 처 이종연에 대한 이야기를 하고자 한다.

가난한 나에게 시집 와서 온갖 모진 풍파를 다 겪었다.

그런데 그녀는 교양 면에서, 말함에 있어서, 사회면에서, 남편을 섬기는 면에서 나의 생각과 너무 달랐다.

예를 들어 내가 어딜 가나 어딜 갔다 오나 소가 닭 보듯 하고, 흔히 옷을 내가 꺼내 입고 개어두어야 했다.

구두를 뜰에 벗어 두면 한 생전 내가 닦고 치워야 했다.

아동 교육에 있어서도 욕을 잘한다.

손이 크고 아까운 줄 모른다.

단추, 헝겊, 쇠붙이가 떨어져도 줍지를 않는다.

한마디로 장인을 닮아 자상하지 못하니 장차 어찌될까 하고 걱정을 많이 하였다.

결혼 당시 아무것도 없던 나에게 처가에서 방 두 칸을 사주었다.

그 후 2년 만에 열심히 노력한 끝에 초가 두 칸을 팔고 나이 27세에 초가 7칸을 세웠다.

처가에서 버드나무를 기둥과 서까래로 주었다.

장인께서 20여 일을 꼬박 도와주셨다.

상량식에는 점심을 처가에서 준비하였다.

몇 년 후, 행랑채를 기와집으로 짓는데 처남이 도와준다고 하여 착공을 시작하였는데 처남이 기와집은 처음 짓기 때문에 서툴러 10여 일 일하다 그만두었다.

이럴 줄 알았으면 다른 지우(知友)를 불러서 시공했을 것인데, 그래도 품값을 달라고 하여 4,000원을 주었다.

마침 셋째 처남인 이종기가 결혼하는데 24,000원에 양복을 맞추어 주었으니 품값을 다한 셈이다.

그러나 집을 짓다 그만두었으니 소는 밖에서 밤을 새워야 했다.

내가 집에서 아내와 작두로 풀을 썰며 바쁠 때 가끔 장인이 집에 오시곤 하였다.

장인께서는 멀끔히 보시다가 가시곤 하였다.

가을 벼 타작할 때 부르면 오셔서 점심이나 자시고 말없이 가시곤 하였다.

우리 집에 벼 타작기가 있었다.

장인께서는 벼 타작기를 빌려 쓰시고 끝이다.

장인께서는 아들들 집에 가서는 일을 잘 거드시는데 사위인 나의 집에 오시면 손 하나 까딱하지 않으셨다.

이해가 되지 않았다.

그렇다면 아들과 딸이 부모님께 차별하여 대우해 드리나?

장남 외에는 별 차이가 없다.

아내의 경우가 그렇다.

아내는 5남매의 둘째로 태어났다.

오빠 종근을 제외하면 모두 동생들이다.

그들은 결혼하여 분가 후 큰형이 모시는 부모님을 위해 특별히 무엇을 하였는가?

환갑 때 자녀들 모두 옷 한 벌씩 해드렸다.

부모님 생일에는 자녀들 모두 고기를 사다 드렸다.

모여서 함께하는 것만도 정(情)이 아닌가?

벌써 30년이란 세월이 흘렀건만 언제나 대우가 마찬가지다.

최근에는 3년 전부터 둘째 셋째 처남 종진과 종기와 말도 하지 않는다.

자기들 누나하고도 사이가 멀다.

돈에 눈이 뒤집혀서 그런 것이다.

3년 전이었다.

종기에게 시흥리 논 264번지 917평을 평당 2,500원에 팔아 달라고 부탁하였다.

그는 서울에 가서 흥정하여 평당 2,750원에 계약하고 왔다.

흥정 사례비로 6만원을 주었다.

총금액이 250만원이었다.

그러자 그는 '평당 250원을 더 받아 주었으니 더 받아 준 돈을 모두 내 놓으라'고 하면서, '다른 사람 같으면 더 받은 것을 매부에게 알리지 않고 다 먹었을 것'이라고 하였다.

그러나 나는 '남매간인데 그렇게 못한다'고 말하며 마무리하였다.

이 일 후 그는 나에게 나쁜 놈이라며 말도 하지 않고 멀리하였다.

차라리 잘되었다 싶었다.

그는 여름 농번기 때는 보이지도 않다가 겨울에만 우리 집에 와서 놀다 가곤 하였다.

둘째 처남 종진과의 일이다.

몇 년 전 어느 날이었다.

그가 나를 찾아왔다.

시흥리에 사시는 장인이 땅을 팔았는데, 천생(天生) 농사지을 땅을 사는 곳에 가서 살아야 하니 평택에 가면 적당한 논을 알아보라고 하였다.

내가 평택에 가서 조카뻘 되는 나재홍에게 땅을 알아봐 달라고 부탁하자, 그는 '종진의 장인이 형제인데 대구에 사는 동생이 대구로 오라고 하여 대구로 가기 때문에 평택에 가서 땅을 살 필요가 없다'고 하였다.

어찌하겠는가!

나는 알았다며 성남 집으로 왔다가 10여 일 후에 다시 평택에 갔다.

그런데 나재홍이 2,000원을 내민다.

며칠 전에 종진과 종기가 와서 논을 평당 330원에 사고 준 흥정비인데 처음에 아저씨가 소개한 것이니 약간 드리는 것이라고 하였다.

세상에는 경우가 있다.

옳고 그름이 있는 것이다.

나는 재홍의 말을 듣는 순간 숨이 막혔다.

어찌 처남들이 손위 매형인 나를 허수아비로 만드는가!

인간이 수천 년을 사는 것이 아니다.

같은 이웃으로 의지해서 사는 것이 인생 아닌가!

장인 장모님께서 자녀들의 사는 것을 보면서 사이좋게 타이를 만도 한데 몇 년을 말없이 그냥 지내니 마음이 편치 않았다.

그래도 지난날을 돌아보면, 처가에서 적지 않은 도움을 받은 것은 사실이다.

결혼하고 먹을 것이 없을 때 장모님이 며느리 몰래 보리쌀을 약간씩 주셨으며, 집이 없어 떠돌 때 3,000원 주고 두 칸짜리 집을 사주셨고, 형편이 나아져 우리 집을 지을 때 재목을 주셨으니 참으로 감사한 일이 아닐 수 없다.

그리고 큰일이 있을 때는 힘이 되어주었다.

어머님 장례 때 아내의 옷을 한 벌 해오고, 부조로 종진이 300원, 종기 200원, 종득이 300원, 종안이 300원, 정옥이 200원을 하였으니 어찌 감사하지 않을 수 있으랴!

어느 덧 내 나이가 환갑(還甲)을 바라본다.

내가 태어난 고향 금토리에서 평생을 처가와 이웃하며 온갖 고운 정 미운 정 다 겪으며 살았다.

이 모든 것이 하늘에 계신 하나님의 섭리요, 은혜일 것이다.

부디 하나님을 믿고 살아온 처가댁에 하나님의 가호가 있기를 기도한다.

역경을 시(詩)로 노래하다

성남 금토동에서 평택으로

억만년 변함없는 청계산 줄기
그 이름도 아름다운 역사 속에서
오는 사람 가는 사람 恨 많은 세월

땀에 젖고 피에 젖고 눈물에 젖어
가슴 깊이 사연에서 사연을 안고
육십오 년 함께한 고향산천아

나는 가니 잘 있거라 섭섭하구나
한에 맺힌 눈물이 앞을 가리며
돌아보는 고향산천 멀어만 가네

그 이름도 순수한 평택이라
제2의 고향으로 찾아와 보니
너른 들판에 산 설고 물 설구나

이웃도 설고 모든 게 서니
마음이 허전하고 외롭기만 한데
나도 몰래 고향 생각 물컹 나네

황혼에 고독을 부추기듯이
조용한 실내에서 독서를 하네
때 되면 외로움이 좋아지겠지

※ 1986년 12월 30일 고향 금토리를 떠나 평택으로 가니 65세였다.

마지막 사명 다 하리

인생 일장춘몽이라
옛말이 헛되지 않구나
때가 되매 내가 당했네

허전한 가정 세우다 보니
어언 인생길 저무는구나

황혼에 노기(老氣)가 새로운 오늘
다시 못 올 청춘 시절 생각하니
추억에 슬픈 사연 허공에 도네

앞날에 남은 인생 어찌하리
주어진 운명의 그 날까지
세상에 사는 동안 사명 다하리

의로운 결심

인생이란 두 글자 누가 지었나
뜻 깊은 두 글자를 마음에 담고
사람들 희비 엇갈려 두려워하네

자신의 운명을 스스로 아는 듯
한 많은 사연을 잊어버리고
남다른 노력에 정성을 붓네

일생을 보장하는 다져진 능력
무엇보다 올바른 갈 길이기에
세상에서 행하면 후회 없으리

아기 성길이

때가 되니 어찌하리오
할아버지 할머니를 찾아왔네
세상에 나온 지 열한 달이네

어린 아기 울며
엄마 아빠 그리워 찾을 때마다
측은한 눈시울 젖네

삶을 찾기에 분주한 부모
아빠는 인천 엄마는 진해
눈물 젖은 아기 생각 같으리라
모진 인생 내일 위해 무정하구나
밤이면 울며 부모 찾으니
울지 말고 자거라 달래보아도
그칠 줄 모르고 우니
고달픈 세월을 원망하노라

※ 1987년 2월 2일.
　진해에서 교사로 근무하는 자부가 학교를 경기도로 옮기는 과정에서
　아기 성길이를 잠시 우리 부부에게 맡기고 감.

광동이 대학 시절

인생의 희망인 대학 시절을
머나먼 춘천서 보내는구나

겨울 방학엔 잠시 함께하지만
부모 뜻과 생각은 아랑곳없이
임 집을 오가며 자치생활에
고생이 끝이 없구나

스스로 밥을 짓고 반찬은 어찌
차가운 방에
엄동설한 날씨를 이겨내누나

학업에 열중하는 의지를 보며
부모의 측은한 마음 실으니
원하노니 후세에 위인 되어라
이 나라에 막중한 학자 되어
너그러이 봉사를 꼭 이루길
영원히 섬기는 자 되길

고향을 떠나며

그 이름도 아름다운 청계산 아래
너는 아니
고향 산천아

피에 젖어
눈물에 젖어

사연에 젖어

한 많은 너를 떠나가려니
말 없는 눈물이 발길을 잡네

원망해도 소용없는 운명이니
먼 훗날 후손들이 전해 주리
나의 아픔을

타향살이

고향 떠나 타향살이
어색한 하루
바람만 불어도
고향 생각 아련하네
사랑이 머물던 자리
사연이 머물던 자리

이제 다 어디 가고
추억이 되어

그 시절 생각하니
눈물이 나네

황혼의 빛

어제의 타향

오늘의 고향

산도 설고 물도 선
타향살이에

인생 일장춘몽이니
안쓰럽구나

그리운 옛 추억이
주마등 되어 지나가는데
천년만년 살고 지고
황혼의 온갖 노력은

별난 능력 되어
세상에 빛나니
저 맑은 하늘을 열며
젊은 얼굴 보이네

세 월

흥망의 인생길
누가 막으랴

유수의 가는 세월
누가 막으랴

정도 없이 몰아쳐 오는
황혼의 인생

막을 수 없네
세월아 야속하구나

황혼의 소망

세월은 안개요
청춘이 구름일세
지나간 인생살이
아지랑이 추억일세

고달팠던 시절
연기되어 가물거리고
숱한 사연의 이야기들
샘물 되어 흐르네

사진 속 옛 추억
詩와 노래되어

심령을 울리네
소망의 종착역 보며

닳고 닳은 몸
산 제물로 하늘에 드리네

칠순을 맞아

흘러간 옛 추억이 그립구나
그때 그 시절 그때 그 사연들

이제 허공에 묻혀 버렸지만
그 중에서도 잊을 수 없는
거칠고도 험악했던 악몽의 가시밭길
어찌 잊으랴
달이 가고 해가 가며
이 몸 늙어 황혼 길일세
나의 희망 무엇이냐
악몽의 지난날 생각하니
눈시울 젖네
남은 세월 무얼 하나
永世不忘(영세부망) 무얼 하리요

인생 철학

인생 일장춘몽이라
가는 세월 누가 막으랴
달이 가고 날이 가면
고부라지는 우리 인생

세상에 사는 동안
봉사하고 선한 일 하여
저 세상에 가 황금 길 걸으며
영세불망 천년만년 살리

노리(老吏)

삼천리강산에 대장부라면
살았을 때 공로를 세워 놓아요

죽어서는 남겨서 향기로구나

이름은 천 년 후와 만 년 후까지
지난밤 새벽꿈에 맺은 언약은
버들잎 휘날리는 데
어머님 전 편지 쓰는 자식 가슴에는
나라에 충성 부모에 효성

변함없는 삼천리 이 강산에
일편단심 민들레야
너는 때만 되면 언제 보아도
노랑 옷에 따스한 봄바람 변함없구나
잡을 수 없는 세월 흘러
청춘이 가고 황혼 칠십 지나니
남은 생애 얼마런가 궁금하구나

한 번 가면 다시는 못 오는 인생
빈손으로 왔다 빈손으로 가는 인생
세상에 남겨두고 가는 자손들 무궁하여라

아~ 아~ 초조한 세월이여~
거칠었던 그때 그 시절
한(恨)이 맺히누나

인생살이

봄나들이 춘풍에 싹트는 기운
어엿한 세상살이 장식해 놓고

이 골 저 골 들어서니 해가 저물어
하염없는 인생길 끝이로구나

억만년 변함없는 청계산 아래
시대 따라 변함이 다양하여서
인생 일장춘몽 풀잎 이슬이네
한 세상 봉사하는 마음이니
인생길의 도리가 평안이로다

궂은 비 내리는 이른 아침에
한 많은 옛 추억이 떠오를 때면
인생이란 모진 세월 한계에 이르니
정성의 노력이 열매되어
황혼의 인생을 즐겁게 하네

구구했던 시절에 7남매 자녀
초식에 많은 고통당했지만
노력과 절약으로 극복하여서
7남매 양육에 성공했으니
영화로운 보람에 눈물 젖었네

제4막
나의 신앙과 정신

- 기독교와 나의 신앙
- 나의 교회관(教會觀)
- 나의 역사관
- 내가 본 과거의 한국과 지금의 한국
- 나의 심리와 급변하는 세대 차이

기독교와 나의 신앙

기독교는 세계의 많은 종교들 가운데 가장 많은 신도를 가지고 있다.

인간이 일생을 살아가면서 소망하는 것도 있고, 해결하기 어려운 많은 문제들이 닥치기도 한다.

인간은 강한 면도 있지만 연약한 것이 사실이다.

병이 나 보라!

꼼짝 못하는 것이 사람이다.

그래서 이 세상에는 많은 종교들이 생겼다.

이 세상에는 수십억 명의 사람들이 살고 있다.

다수가 종교를 가지고 있는데, 그 중에 기독교 인구가 약 30억 명으로 가장 많다고 한다.

왜 그럴까?

그 이유가 있다고 생각한다.

사람은 약하므로 신(神)을 의지한다.

대부분 종교들의 가르침이 무엇인가?

'이 세상에서 좋은 일을 하면 복을 누리고 저 세상에서도 영생을 얻는다'

짐승과 달리 인간이 제 욕심만 채우고 좋지 않은 행동을 한다면 벌을 받는다는 것이다.

이것은 진리(眞理)이다.

'잡념을 버리고 오직 하나님만을 의지한다면 복을 누리고 영생을 얻는다'는 것이다.

우리가 아는 대로 세계 3대 종교를 말하면, 기독교·불교·이슬람교이다.

내가 자란 대한민국은 이슬람교 국가가 아니고 유교권 국가이다.

나의 부모님도 유교적인 영향을 많이 받았다.

거기에 삼국시대와 고려시대에 영향을 주었던 불교 풍습도 어느 정도 몸에 배어있다.

내가 성장하면서 부모님께 받은 종교적 영향은 무시할 수 없다.

그러나 내가 성장해 가면서 많은 종교들 가운데서 서구 문명의 중심인 기독교가 인생을 가장 바르게 인도함을 깨달았다.

유교(儒敎)는 중국 공자(孔子)의 가르침이다.

사람으로서 지성의 노력을 다하고 착한 일을 많이 하면 복을 누린다고 한다.

그러나 너무 인본적인 사상이다.

보지 못하는 신의 세계에 대하여는 너무 부족하다.

인간 구원의 비밀을 파헤치지 못한다.

충효예지신(忠孝禮智信)을 인간의 최고 덕목으로 가르친다.

불교(佛敎)는 어떠한가?

인도 출신인 석가(釋迦)의 가르침이다.

유교와 비슷한데, 한마디로 '절'이다.

지성을 다해 불공을 드리면 행복을 얻는다.

불공(佛供)이란 무엇인가?

석가 상을 만들어 놓고 정성껏 절을 하며 소원을 빌면 이룬다는 것이다.

한국 산에 가면 얼마든지 볼 수 있는 모습이다.

그런데 항상 마음에 궁금한 것이 있다.

불상은 돌이나 동철로 사람이 만든 것이다.

그렇다면 불상은 사람보다 못한 하나의 제조된 기이한 형상 아닌가!

왜 사람이 거기에 절을 할까?

도저히 이해가 되지 않는다.

기독교(基督教)는 이스라엘 예수 그리스도의 가르침이다.

기독교는 유교나 불교와 달리 신본주의(神本主義)이다.

불교와 달리 오직 하나님만을 섬기고 우상을 섬기지 말라고 한다.

그리고 계명을 지키면 복을 얻는다는 것이다.

그러나 핵심은 예수 그리스도이다.

그를 하나님의 아들로 믿어야 구원을 얻는다는 것이다.

이것이 다른 종교들과 큰 차이점이다.

인간은 어쩔 수 없는 죄인이다.

죄를 씻기 위해서는 죄 값을 치러야 하는데, 이 죄 값은 돈이나 물질로 치르는 것이 아니고 피를 흘려야 한다는 것이다.

그래서 제사드릴 때 짐승을 잡아 제단에 피를 뿌렸다는 것이다.

이것은 놀랍게도 우리나라 제사 풍습에서도 볼 수 있다.

예수 그리스도께서 십자가에서 모든 인간을 대신하여 죄를 사하는 피를 흘려주셨다는 것이다.

아이러니하지만 참으로 놀라운 신비요 진리라는 믿음이 가는 것은 왜일까?

젊은 시절 믿음이 약할 때는 고해(苦海)와 같은 나그네 인생을 살아오면서 '열심히 노력하고 성심으로 살며 남을 해롭게 하지 않으면 복이 온다'는 것이 나의 신조였다.

그러나 이 세상은 그게 아니다.

아무리 내가 착하게 열심히 일하며 살려고 해도 잘 안 되는 것이 인생이다.

한마디로 인생길에 닥치는 원하지 않는 환난이 얼마나 많은가?

일례로 전쟁 같은 것이다.

통상 사람들은 말한다.

"악하게 살아야지, 선하게 살면 안 된다."

출세하고 부자가 되기 위해서는 선해서는 안 되고 악해야 한다는 것이다.

사람들은 출세하고 부자가 되기 위하여 온갖 짓을 다한다.

옛날에는 집안에 작은 주상을 만들어 놓고 온갖 정성을 드려 수시로 절하기도 했다.

특히 집안에 사고가 잦고 우환이 많으면 그렇게 하였다.

인간의 연약함을 말하는 것 아닌가!

나의 어린 시절이다.

유교적 풍습에 젖어 있던 어머니는 어디서 누가 음식을 가져오면 그냥 바로 먹지 못하게 하셨다.

반드시 음식을 대청마루에 갖다 놓았다가 먹으라고 가르치신다.

그 이유를 물으면 그냥 먹으면 천벌을 받는다고 하셨다.

가을이면 고사떡을 하는데 우선 집 주위에 갖다 놓았다.

제일 먼저 대청, 우물, 외양간, 심지어 변소에까지 갖다 놓고 음식이 식은 후에 먹었다.

유교가 가르친 한 예이다.

나는 어머님이 하시는 행동이 이해가 되지 않았다.

나는 조용히 어머님께 떡을 식게 왜 그런 곳에 갖다 놓느냐고 물었다.

그러면 어머님은 그런 걸 물어보는 것도 아니라고 하신다.

어디 이뿐인가?

부모가 자주 다투면 혼인 당시 궁합이 좋지 않은데 혼인했기 때문이라고 하였고, 형제가 자주 싸우면 살이 끼어서 그렇다고 하였다.

어린 시절 이런 것을 듣고 보며 참 한심하다고 생각하였다.

사람으로서 바르게 살면 되지 그런 것이 무슨 상관인가?

그런데 살아가면서 올바르게 산다고 다 잘되는 것은 아니었다.

이것이 인생의 아이러니요, 신비이다.

내가 기독교를 마음에 둔 것은 낙생초등학교 4학년 시절이었다.

당시 금토리에는 작은 예배당이 있었으나 교인들이 잘 모이지 않아 없어졌다.

근방에는 이십 리 정도 거리의 둔전리에 교회가 있었다.

마침 둘째 형수가 둔전리에서 우리 가문으로 시집을 오시며 그 교회를 알게 되었다.

그녀는 열심 있는 기독교 신자였다.

교회 주일학교 전 과정을 마쳤다고 하였다.

나는 주일날이면 형수와 함께 둔전교회에 출석하였다.

이때부터 어머니의 유교 사상은 사라지고, 기독교 문화와 친숙해졌다.

가정에서도 자연스럽게 미신적 요소들이 사라졌다.

세월이 흘렀다.

세계 제2차 대전이 발발하면서, 식민통치를 하던 일본은 서양문명이라며 기독교 억압정책을 쓰고 신사참배를 강요하였다.

나는 당시 일본과 만주로 다니며 일을 하였기에 신앙생활을 떠났다가 8·15 해방과 함께 고향으로 돌아와 결혼하면서 처남 이종근과 함께 둔전리 교회에 다시 출석하였다.

그의 조부는 기독교 신자여서 가정과 후손들에게 많은 영향을 주었던 것으로 보인다.

그 당시 둔전교회 목사는 현석진이었고, 김태수 장로, 그의 아우 김경수 집사, 박성용 집사 등이 좋은 일꾼이었다.

잠시 믿음을 저버린 이유

나의 생각은 '기독교는 다른 종교와 달리 가장 이상적이고 합리적인 종교'라는 것이다.

그러므로 사회생활에서 힘든 시련이 닥칠 때는 '하나님께서 나를 위하여 시련을 주시는 것'이라 여기고 기도하며 최선을 다하였다.

좋은 일이 생길 때도 하나님께서 주시는 복으로 생각하였다.

나는 평생 이런 생각으로 살아왔다.

결혼 생활 초기였다.

두 명의 어린 아기를 병으로 잃었다.

충격 속에 아내가 병석에 누웠는데, 병세가 점차 심해졌다.

약을 써도 소용이 없어서 결국은 하나님께 매달릴 수밖에 없었다.

어느 주일이었다.
처남 이종근과 함께 둔전교회에 가서 예배를 드린 후, 김태수 장로와 김경수 집사에게 아내의 병세를 이야기하고 목사님의 심방을 청하였다.

김경수 집사가 아내의 병이 그렇게 위중하냐고 물었다.
옆에 있던 처남 이종근이 대답하였다.
"피가 마르는 병으로 살 가능성이 없어요."
그러자 저들은 전염병인 줄 알았는지 심방을 하지 않았다.

어찌 이럴 수가 있는가!
나는 크게 실망하였다.
전능하신 하나님을 믿는다는 사람들이 전염병이 무서워 심방을 거부하다니 어찌 이럴 수가 있는가!
섭섭함을 금할 길이 없었고 지금도 뚜렷이 그때 그날을 기억하고 있다.

그러나 어찌하겠는가!
나 혼자 하나님께 기도할 수밖에 없었다.
'인명(人命)은 재천(在天)'이라 했으니 모든 것을 하나님께 맡기고 최선을 다하는 수밖에 없었다.
이때부터 교회를 멀리하였다.

아내의 병세를 듣고 문병하는 이마다 살기가 힘들다고 수군대었다.
사실 나도 아내의 병세 앞에 매우 당황하였다.
그런데 누구인지 기억이 나지는 않으나 '호박에 닭을 넣어 삶아 먹으면 낫는다'고 하였다.

나는 지푸라기라도 잡는 심정으로 당장 집에서 기르던 닭을 잡아 호박에 넣어 삶아서 아내에게 먹였다.

그런데 놀라운 기적(奇跡)이 일어났다.
아내의 병세가 좋아지기 시작하였다. 하나님께서 도우신 것이었다.
목사는 교인이 생명의 위태함에 이를 때 성도들과 함께 문병하여 기도하고 예배하는 것이 의무적인 일이다.
그리고 그것이 전도 아닌가?
심방을 청해도 병이 옮을까 걱정하여 거절한다면 과연 하나님의 일꾼이라 할 수 있는가?
그때 심방 거절 사건으로 나는 둔전교회에 더는 나가지 않았다.

큰아들인 광화는 사관학교 입교 후에 기독교 신앙에 열심이었다.
아내는 열심히 교회를 나가고 있었는데, 큰아들 광화는 휴가 와서 나를 교회로 이끌었다.
광화는 위에서 언급한 심방 사건을 모른다.

그 후 둔전교회 현석진 목사는 김태수 장로와 6·25 전쟁 때 북한 공산당에 납치되었고, 김경수 집사는 죽었다.
이것이 오늘의 교회 모습이다.
이후 아내는 건강을 회복하였다.
하나님께 너무나 감사하였다.

인생과 종교

종교에는 크게 기독교, 유교, 불교 등 고등종교가 있다.

그 외에 다양한 하급 종교들이 존재한다.

사람들이 한평생을 살아가면서 병이 들고, 사고가 나고, 때로는 허전하기도 하고, 우울하기도 하다.

사람을 의지하기도 하지만 연약한 것이 사람이다.

그러므로 사람은 절대자를 찾아 의지하는 습관이 예로부터 있었다.

이 씨 조선 500년은 유교가 성(盛)했다.

나의 어린 시절도 유교가 성하여 가을에 떡을 해 먹으면 장독, 우물, 외양간 등에 먼저 떡을 갖다 놓고 먹는 습관이 있었다.

산 고개를 넘으면 고갯마루에 돌을 주워 놓고 절을 하고 지나가곤 하였다.

이것이 유교 사상이다.

전통적인 미신적 사상과 융합이 되었다고 생각한다.

불교가 전해진 것은 삼국시대부터인데 이조에는 쇠퇴하였다가 해방 후 다시 번성하기 시작하고 있다.

불교는 석가의 가르침으로 생명을 존중하여 살생을 금하고 세상을 바르게 살자는 데 목적이 있다.

기독교는 우상을 반대하여 죽은 사람에게는 절하지 않는다.

서양의 선교사들이 들어와 예수 복음을 전하며 마을마다 교회가 설립되고 성장하여 지금은 유교, 불교보다 더 성장하였다.

교회로 인해 미신들이 점차 사라지는 등 전통 문화에 많은 영향을 주었다.

유교 전통으로 집집마다 장독 뒤에는 터주가리를 만들어 가을엔 햅쌀을 갈아 부어 두었으나, 기독교를 믿는 집은 터주가리를 모두 태워버렸다.

어린 시절에 무당이 굿을 하고 점을 보는 전통이 심하였으나, 지금은 점 보는 습관이 많이 사라졌음을 부인할 수 없다.

여인들은 쪽을 찌고 비녀를 하고 살았으나, 지금은 단발머리나 파마 등이 대세다.

남자들도 머리를 여자처럼 하고 다녀 남녀를 구분하기 어려울 정도이다.

기독교와 함께 서양 학문이 들어오며 교육면에서도 엄청난 변화가 있었다.

넓이의 단위로 평을 ㎡ 단위로 쓴다.

젊은 사람들은 모르나 기성세대는 불편하기가 그지없다.

왜 그렇게 하는지 이유를 알 수 없지만 어떻게 하겠는가?

기독교 신자가 500만 명이라고 한다.

목사의 수도 15만 명이라고 한다.

교회가 성도들 수를 늘리기 위하여 힘을 쏟는다.

교회가 상품화되어 간다.

헌금을 강요한다.

성미, 십일조, 감사헌금, 월정헌금, 작정 헌금, 맥추감사헌금, 생일감사헌금, 건축헌금, 선교헌금 등 헌금 종류가 너무 많다.

헌금이 잘 사용되어 교회가 제 역할을 잘하길 기도한다.

나의 교회관(教會觀)

교회(教會)는 왜 존재하는가?

이 질문은 기독교의 존재 목적과 일치한다.

이 세상에 태어난 사람이라면 하나님을 섬기되 이웃에게 악을 행하지 말고 봉사하며 의롭게 살아야 한다.

교회를 보면 통상 목사는 외지인, 장로는 현지인이다.

목사와 장로가 진리를 추구하며 합력하여 교회를 섬긴다면 평안할 것이다.

그런데 인간인지라 사탄이 역사한다.

어떻게든지 사탄은 교회를 무너트리기 위하여 수단방법을 가리지 않고 유혹하며 공격한다.

나는 이것을 '권리 이기주의'라고 정의한다.

통상 목사는 교회의 대표라고 하고, 장로는 교인의 대표라고 한다.

나는 장로가 목사를 청빙했으면 자신은 백의종군하는 자세로 목사를 섬기며 교회를 함께 세워가야 한다고 믿는다.

그렇지 않고 장로가 자신의 생각을 내세우고, 교회 일을 하는데 목사와 부딪치면 결국 교회는 싸움에 휘말린다.

목사도 설교 시간이나 당회를 하거나 말할 때는 늘 조심해야 한다.

대부분의 다툼은 작은 말 한마디에서 시작하기 때문이다.

특히 목사와 장로는 교회의 지도자요 청지기로서 다른 교인들 앞에서 솔선수범해야 한다.

그렇게 하지 않고 목사와 장로가 이기적인 마음을 가지고 서로 다툰다면 교회와 세상이 다를 바 없는 것이다.

물론 세상 속에 교회가 있다.

그러나 하나님을 중심한 교회는 세상과는 구별되어야 한다.

혹시 교회 내에 다툼이 있더라도 조속히 화해하고 평안을 되찾아야 한다.

우리나라 마을마다 교회가 있다.

TV를 통해 교회의 문제가 방영될 때가 많아 실망하기도 한다.

하나님의 종으로 자칭하는 목사들, 진리를 외치는 장로들이 나는 이해가 되지 않는다.

어떻게 성스러운 교회에서 목사와 장로가 서로 욕을 하며 싸우고 예배를 드리는가?

하나님은 실재하시니 그런 자들을 심판하실 것이다.

하나님의 말씀을 거역하는 자는 죄의 대가를 반드시 치를 것이다.

더러운 죄를 짓고도 전혀 부끄럼 없이 목사니 장로니 하나님의 종이라 칭하며 산다면 세상 사람들이 보고 어떻게 생각하겠는가?

종교를 빙자하여 일어나는 사건도 다반사다.

정신병 환자를 고친다며 예수 이름으로 폭행하여 죽는 사람이 있다.

일가족이 교회에 새벽기도 가다가 교통사고로 죽는 사례도 있다.

자기가 예수라며 사기 치는 목사도 있고, 머지않아 세상 종말이 온다며 신도들에게 재산을 헌납하라는 목사들도 있다.

말을 듣지 않으면 집에 가두어 놓고 온갖 폭행을 하는 사건이 발생하기도 한다.

금토교회 이야기

금토교회는 1968년 세워졌다.

처남이자 장로인 이종근을 중심으로 신도들이 헌금하여 세웠다.

장로인 이종근이 사실상 교회의 대표 역할을 하였고, 주요 직무를 감당하였는데 당시 교회 분위기가 목사와 전도사를 청빙하기를 원하였다.

1970년 들어서 신도들의 결의에 따라 김귀남 목사를 청빙하였다.

그런데 그가 부임한 지 2년도 안 되어 교회에 분란이 일기 시작하였다.

김 목사가 교회를 떠나고 교회는 장로파와 반장로파로 나뉘었다.

주일이면 교회에서 싸움이 시작되었다.

아내인 이종연은 집의 일보다도 교회 일을 소중히 여겼다.

교회 지을 때 석 달 동안 우리 집에서 중식을 제공하였다.

그해 고춧가루만 다섯 말이 들었다.

송아지를 팔아서 헌금을 10만원 하였다.

아내는 중립을 지켰다.

오빠인 이종근 장로가 세도를 쓰기 때문에 목사가 와도 견디지를 못한다고 생각하였다.

그녀는 중간에서 이러지도 저러지도 못하는 입장이었다.

처남인 이 장로와 가족들은 중립을 지키는 아내 이종연을 미워하였다.

오빠 편을 들지 않는다는 것이었다.

처남댁 온 식구가 만나면 욕설을 퍼부으며 악담을 하였다.

하나님을 믿는다고 하면서 어떻게 저렇게까지 할 수 있나?

나는 마음이 아팠다.

하나님의 말씀을 따라 만민의 봉사자라면서 주일마다 예배는 드리지 않고 교회에서 싸우기만 하니 그런 교회를 누가 나가겠는가?

교회 사건으로 아내의 친정어머니도 우리와 관계를 멀리하였다.

1983년 정월 초이틀 날!

장모님께 세배 후 1만원 돈 봉투를 드리고 나오는데 아무 말씀도 하지 않았다.

너무 섭섭하였다.

나의 고향 금토동!

평생을 살아온 산천초목은 그대로이건만, 친척들은 이렇게 마음에서 멀게 느껴졌다.

황혼을 맞아 한 많은 사연을 뒤로하고 고향 산천을 떠나려고 결심하였다.

이제 모든 것이 옛 추억으로 남았다.

사연의 사연들이 황혼을 재촉하고 있다.

남은 세월을 생각할 때마다 하나둘 추억들이 새록새록 떠오른다.

잊고 싶지만 어찌 잊겠는가!

이 모든 사연이 하나님의 섭리라고 생각하니 후련하다.

하나님께 감사드린다.

나는 팔순을 앞둔 황혼의 인생이다.

그동안 교회에 대하여 보고 들으며 경험해온 일을 후손들에게 당부하노니, 하나님을 섬기는 신앙생활을 하되 남에게 악을 행하지 말고 참다운 인생관, 국가관, 세계관을 가지고 봉사하며 열심히 살아라.

내가 본 선과 악

선(善)이란 착실히 서로를 위하고 다 같이 살면서 서로가 잘사는 세상을 만들어가는 행동이다.

악(惡)이란 나만을 생각하고 남을 해롭게 하며, 질서와 도의(道義)를 생각지 않는 마음과 행동이다.

우주 만물 중에 가장 현명한 동물이 사람이다.

나는 구차(苟且)한 가정에서 태어나서 75년이라는 인생을 살면서 수많은 사건을 직·간접적으로 경험해 보았다.

사건 속에는 선과 악이 나타난다.

선은 처음에는 져서 피해를 본다.

악은 처음엔 실속을 차리고 잘났다고 위신을 자랑하지만 언젠가는 선한 자를 괴롭히고 마음 아프게 한 대가를 몇 천 곱 받을 시기가 온다.

지구상에 수십억 명의 사람이 산다.

이들 사이에서 행해지는 선악간의 사건은 반드시 하나님의 법의 심판에 따른다는 것은 당연한 이치다.

만일 악이 지구를 주름잡고 잘 산다면 지구에서 사는 사람들은 주어진 생명을 못살고, 지구는 악으로 인해서 멸망할 것이다.

이 같은 이치를 천지조화(天地調和)라 하고 싶다.

오늘 하루를 살아가면서 천지조화에 감사하며, 근면하여 정성의 노력을 다하며, 배고픈 사람에게 먹을 것 주고, 외로운 사람은 위로하며, 질서를 지키고 봉사하다가 살던 땅을 버리고 하늘로 돌아가는 것이 바른 인생이요, 선한 인생이라 생각한다.

나의 역사관

조선왕조 500년!
대한민국 40년!
북한 공산정치 40년!

조선왕조 500년은 군주제(君主制)라는 잘못된 정치로 말미암아 나라가 쇠약하여 외세에 시달리고, 조선은 끝내는 일본 식민지가 되었다.
조선왕조 500년 동안 대표적인 왕은 세종대왕(世宗大王)이다.
그는 모범적인 왕으로 한글을 창제하였으며 가장 번영한 시대를 이루었다.

조선왕조 500년 동안 가장 못된 왕은 연산군(燕山君)이었다.
그는 폭군이었다.
늘 나라 안팎이 어수선하였고, 민심이 동요하였으며, 인목대비의 충격적인 사건 등 조정이 시끄러웠다.
국사(國事)를 멀리하고 기생들 데리고 노는 것이 일과였으니, 방방곡곡의 부자들만 탐색하여 유흥비만을 거두어, 조정에 금품을 바치는 자는 양반이라 칭하여, 산과 전답을 주었다.
여기서 양반과 상놈 제도가 생겼으니 같은 사람으로 차별대우가 심하여 백성들의 분노를 샀다.
잘못된 정치는 오래가지 못한다.

고종 시대에 이르러는 이 씨 조선의 명운이 다하였다.

일본의 식민지가 될 때까지 양반들은 그 권세를 누렸다.

왕들의 어처구니없는 정치는 나라를 약하게 만들고, 이러한 허점을 노려 일본, 청국, 러시아 등 외세가 접근하였다.

이율곡이 10만 양병설을 주장하고, 사명당 같은 우국충정의 스님도 출현하였으나 워낙 약해진 국력 때문에 나라를 지탱하기가 쉽지 않았다.

예나 지금이나 부국강병의 정책을 추구해야 했으나 어리석은 왕들 주변에는 충신보다 간신들이 들끓었다.

임진왜란 때 일본 해군을 물리친 이순신 장군 같은 애국자를 밀고하여 투옥시킨 원균 같은 자들도 있었으니 참 안타까운 일이 아닐 수 없다.

세계만국평화회의에 나가 일본의 부당한 침략을 외치다 뜻이 이루어지지 않자 스스로 자결한 이준 열사 등을 잊을 수 없다.

한마디로 이조 500년은 비상시국이었다.

1910년 조선이 일본에 망하자 나라의 주권을 되찾기 위하여 뜻있는 사람들이 해외 망명길을 떠났다.

중국 상해에 대한민국 임시정부를 두고 김구 · 신익희 · 김주식 등이 활동하였다.

나라가 망하는 과정에서는 혼돈뿐이다.

예나 지금이나 당파 싸움이 계속된다.

이완용 등 간신들은 자신들의 이권을 챙기기에 급하여 일본과 내통한다.

고종의 황후 민비가 일본인에 의하여 살해된다.

일제 36년간 우리나라는 일본의 만행으로 고난의 세월을 보내야 했다.

청일전쟁과 노일전쟁을 한국을 무대로 치르고 승리한 왜족 일본은 교만이 극에 달하여 제2차 세계대전을 일으켰다.

전쟁에 우리나라 백성들을 동원하였다.

징용, 보국단, 정신대, 학도병 등 엄청난 희생을 강요하였다.

옛말에 '욕심 많은 개가 물었던 것도 놓친다'고 하였다.

중국, 필리핀 등 아시아를 지배하려고 하던 일본의 야욕은 6년이라는 기구한 전쟁을 시도하였지만, 1945년 8월 6일 히로시마와 8월 9일 나가사키에 미국이 원자폭탄을 투하하자 항복을 하였고, 우리나라는 같은 해 8월 15일 해방을 맞았다.

해방 후 우리나라는 건국의 과도기 속에서 남한은 이승만 대통령이 자유민주주의 체제로 대한민국을 세우고, 북한에는 러시아와 중국을 등에 업은 김일성이 공산주의 체제로 조선 인민민주주의 공화국을 세우며 대립하게 되었다.

공산주의는 구호는 좋다.

그러나 김일성은 민주주의 국가라고 하면서 세습 독재로 북한을 이끌며 백성들을 억압하고 인권을 유린하고 있다.

남한은 과도기적인 정부 수립과정에서 어려움이 있었지만 헌법에 따라 대통령 선거와 국회의원 선거를 치르면서 정치적으로 많은 발전을 이루고, 오늘에 이르렀다.

결과는 어떤가?

해방 후 50년이 된 지금에는 남한은 경제·문화·교육 모든 면에서 북한보다 월등한 성장을 이루었음에도 북한은 6·25 한국전쟁을 잊지 못하고 남한을 향해 적화야욕을 버리지 않고 있음을 결코 잊으면 안 된다.

한국전쟁을 통해서 얼마나 많은 인명과 재산을 잃었는지 결코 잊으면 안 된다.

그 후에도 전두환 대통령이 미얀마 방문하여 아웅산 묘지 참배 시 북한 공작원에 의하여 외무장관 등 국무위원 16명이 희생되었다.

이라크에서 일을 마치고 귀국하던 한국 노동자 200여명이 탄 여객기를 공중 폭파하여 지금도 수색 중에 있다.

그 외에도 김신조 일당의 청와대 침투사건, 동·서해에서의 간첩선 침투 사건 등 끝없는 대남 적화야욕이 지속되고 있음을 명심해야 한다.

공산주의!

1990년 소련은 무너졌다.

고르바초프 대통령은 공산주의 결말을 선언하였다.

이제 공산주의 국가는 지구상에 중국과 북한뿐이다.

북한은 세계에서 테러국가로 낙인찍혀 있다.

북한에는 전국에 김일성 동상만 3천 개가 넘는다고 한다.

공산주의는 사라져야 한다.

백성들을 힘들게 했던 조선왕조 500여 년, 조선이 망하는 과정에서 외세의 침략으로 인한 나라의 아픔, 일제침략기 40여 년의 설움, 해방 후 남북한의 자유민주주의와 공산주의 체제 대립과 한국전쟁, 그 이후 북한의 끊임없는 대남 적화야욕을 우리는 잊으면 안 된다.

평양 거리에는 사람이 없다고 한다.

반면에 서울은 어떤가? 사람이 넘친다.

북한은 먹을 것이 없다고 한다.

그러나 남한은 먹을 것이 넘친다.

쌀 등 곡식을 많이 생산하여 오히려 걱정이다.

하루 나가서 노동하면 쌀을 서너 말을 살 수 있다.

부지런하면 얼마든지 살기 좋은 나라이다.

농업 중심의 나라가 2차 산업 중심의 공업 국가와 3차 산업 중심의 상업 국가로 발전하였다.

이제 농촌에는 젊은이가 없다.

오늘날의 정치는 문제가 많다.

민주주의 정치는 정당정치이다.

정당에서 대통령이 나오고 국회의원이 나온다.

정당 간에 서로 정책을 개발하고 경쟁하여 나라를 더 발전시키자고 하는 뜻에서 좋은 제도라고 할 수 있다.

그러나 국사를 논한다는 구실로 자기 정당 이익에만 치우쳐 나라의 이익은 뒷전이다.

국회의원이라는 자들이 국민을 위해 봉사하지 않고 보장된 권력을 이용하여 부정 축제를 일삼는다.

나아가 대통령, 국무위원, 감사원, 대법원, 경찰, 국세청, 장성 등 고위직급을 가진 자들이 기회만 있으면 이권에 개입하여 금품을 주고받으니 장차 나라가 어찌 될까?

국가의 통치는 정의와 공의로 이루어져야 한다.

부정부패가 심하면 그 나라는 언젠가는 무너지고 만다.

이것이 역사의 교훈이다.

부정부패를 방지하기 위하여 검찰이나 경찰제도가 있다.

그런데 검사나 경찰관이 부정부패를 일삼는 사건이 수시로 언론에 보도된다.

軍에서도 마찬가지다. 군인은 청렴해야 한다.

그런데 진급하기 위하여 돈을 써야 한다는 이야기가 들린다.

세무 공무원도 마찬가지다.

이런 고위 공무원 비리 사건들을 언론을 통해 접할 때마다 국민의 한 사람으로서 걱정이 된다.

언제 국민의식이 깨어나 우리나라가 정직한 나라가 될까를 생각해 본다.

최근의 농지 가격은 내리고 있는데, 공시지가는 오른다.

농지세를 많이 받기 위해서다.

김영삼 대통령은 나라를 망치는 모든 병폐를 바로잡겠다고 공약하였다.

말뿐이 아니길 기대해 본다.

요즘 남북한 이산가족 상봉을 주제로 이야기가 많다.

남한이 북한에 제안을 했는데 북한이 동의하지 않는다.

김일성이 반대한다고 한다.

김일성 · 김정일 부자를 이해할 수 없다.

앞에서도 언급하였지만, 북한 여자 공작원 김현희 사건이다.

1986년 이라크에서 일을 마치고 귀국하는 노동자 200여명이 탄 항공기를 폭파하기 위하여 북한 2인자 김정일은 22세의 여자 공작원 김현희를 바그다드로 보내 70세 노인과 부녀로 가장하고 항공기에 탑승하여 시한폭탄 장치를 하고 몰래 내리게 하였다.

결국 항공기는 이륙 후 공중 폭파되어 잔해조차 찾지 못하였다.

경찰에 붙잡힌 노인은 독이 든 담배를 피워 죽고 김현희는 살았다.

소련은 1990년 공산주의 체제를 민주주의 체제로 바꾸었다.

선거로 대통령을 선출한다.

남한은 중국과 국교를 맺었다.

어떤 면에서 북한은 외톨이 신세다.

얼마나 저들의 세습체제가 계속될지 기대해 본다.

한국전쟁 이후 김일성은 북한의 왕으로 군림하였다.

백성들에게 김일성을 민족의 태양이라고 가르쳤다.

북한을 지상낙원이라고 하였다.

김일성은 남한이 거지의 나라라고 백성들에게 속였다.

그러나 지금은 점차 국제간 통신과 여론의 발달로 국민을 속이기 힘들다.

북한 사람들은 남한이 자유민주주의 국가로서 경제적으로 부유하게 잘산다는 것을 알고 북한을 떠나 남한으로 오고 있다.

탈북자가 2만여 명에 이른다고 한다.

옛말에 '악을 행한 자는 악으로 심판받는다'고 하였다.

김일성은 목적 달성을 위해 수단 방법을 가리지 않고 마음에 들지 않는 자는 처형을 일삼았다.

조만식 · 박헌영 · 김책 등 유명한 사람들이 처형되었고, 수백만 명의 인민을 살해하였다.

지금도 기회만 있으면 공산 통일을 하려고 음모를 꾸미니 늘 경각심을 가져야 한다.

공산주의 집단인 북한은 상대하는 데 신중해야 한다.

남북통일을 이루기 위하여 하나님께 기도하되, 자유로운 복음 통일을 해서 북한에 다시 교회를 세워야 할 것이다.

내가 본 과거의 한국과 지금의 한국

우리 한국사를 생각해 보자.

가정이나 사회나 나라나 항시 정치의 영향을 많이 받는다.

정치가는 정의와 공의로 나라를 잘 다스려야 한다.

그러나 권력을 잡은 자들은 수단 방법을 가리지 않고 재산을 탐하고 백성들을 힘들게 한다.

이로 인하여 나라가 병들고 약해진다.

고조선부터 지금의 대한민국에 이르기까지 나라가 바뀌는 과정을 보면 유사한 점이 많다.

나만 영광을 누리며 잘살면 된다는 개인주의가 근저에 있는 것이다.

다행히도 시대 시대마다 애국정신으로 불타는 백성들이 있어 나라를 유지해 왔다.

그러나 간신들의 중상모략으로 나라가 위험에 처한 것은 역사가 증명하고 남음이 있다.

다행이랄까 어려운 시기마다 나라를 구해낸 영웅들이 있었고, 그들을 중심으로 백성들이 함께 싸워 나라가 명맥을 유지하였음은 잘 아는 일이다.

임진왜란 때 이순신 장군과 수하의 군사들, 그리고 백성들이 도와 일본을 물리친 것은 후손들에게 주는 큰 교훈이다.

우리나라 역사를 더듬어 보면 아쉬운 것이 많다.

이조 500년을 잠시 생각해 보자.

이율곡 · 이퇴계 · 이순신 같은 훌륭한 분들이 있었다.

그러나 중상모략을 일삼는 정치도배들의 당파 싸움으로 국력이 약해져 청나라 왜군의 공격으로 나라가 무참히 밟혀 무너진 것은 너무나 마음 아픈 일이며 부끄러운 일이다.

오늘의 한국 정치를 보면 자유민주주의와 공산독재의 우좌 이념 때문에 남북으로 나뉘었다.

광복 30년이 된 오늘의 남한 정치를 보면 조선의 당파 싸움을 보는 것 같아 국민의 한 사람으로서 매우 걱정된다.

물론 오늘날 정치가 정당정치라고 하나 권력을 잡기 위하여 수단방법을 가리지 않고 백성을 선동하고 현혹하는 일을 일삼는다면 나라는 유지되지 못할 것 아닌가!

특히 우리나라는 동맹국인 미국에 의존하는 바가 크다.

북에는 북한과 러시아, 서에는 중공이 언제든지 우리나라를 공격할 준비가 되어 있다.

일제강점기와 6 · 25 한국전쟁을 몸소 겪은 나로서는 그 시절 눈물 나는 시련을 잊을 수 없다.

1945년 8월 15일!

세계 제2차 대전의 주범 일본이 미국을 위시한 연합군에게 항복하였다.

나는 천운으로 이국만리 일본에서 귀국하였다.

그런데 남한은 이승만에 의하여 자유민주주의, 북한은 김일성에 의하여 공산주의라니 통탄할 일이었다.

이 좁은 한반도를 삼팔선으로 갈라놓았으니 어찌하리오!

공산당이란 이름도 몰랐는데 공산주의라니~

인간은 평등하니 부자나 가난한 자나 똑같이 살자는 것이다.

말은 좋고 그럴 듯하나 해방 후 30년이 지난 북한은 어떠한가?

공산당 간부들은 자기들 마음대로 잘 산다.

그러나 일반 백성들은 노예가 되어 공산당이 시키는 대로 살아야 한다.

열심히 노력하고 살아야 더 나아지는 것이 없으니 누가 열심히 일하겠는가!

이것이 공산주의의 실체이다.

그렇다고 불만도 표할 수 없고, 표현의 자유도 없다.

말 한마디 잘못하면 감옥에 간다.

아들이 부모님 일 도우러 갈 때도 식량 배급표를 가지고 가야 밥을 먹을 수 있다.

이사도 마음대로 못하는 세상!

이것이 북한 공산당의 정치이다.

농사를 하는데 국가 공동 영농으로 소출이 나면 모두 국가가 가지고 간다.

산골에서 개인이 한다면 추수 때에 와서 모든 소출에 대하여 알갱이 수를 세어 계산하여 현물세를 내야 한다.

이것이 6·25 전쟁 시 저들이 남침하여 3개월간 남한 땅에서 행한 본보기이다.

나는 저들에게 당해봐서 공산당에 대해서 너무 잘 알게 되었다.

공산주의 목적은 무엇인가?

전 세계를 공산주의로 만드는 것이다.

국력이 약해 보이면 이웃 나라를 공격하여 자기 영토로 만드는 것을 일삼는 공산주의 국가들!

하나님은 침묵만 하시는가?

나는 분명히 하나님을 믿는다.

언젠가는 하나님께서 저 악한 공산주의자들을 멸망시키실 것을 믿는다.

지금도 전 세계를 다니며 인질극을 벌이는 자들, 시한폭탄을 장치하고 살생하는 자들이 공산주의자들 아닌가!

같은 한민족으로서 마음을 합하여 서로 잘살아야 하는데 공산 독재 체제로 나라를 어둠으로 만드는 북한 김 씨 왕조!

하나님께서 저들을 심판하여 멸하고 남북한 자유민주주의 체제로 통일하는 날이 오기를 기도한다.

조국이 해방되자 해외에서 귀국한 이승만 박사는 신속히 제헌 의회를 구성하여 헌법을 제정하고, 이어서 국호를 대한민국으로 하여 보통선거로 대통령이 되어 정부를 수립하였다.

당시 남한에는 공산주의를 추종하는 세력들이 많았다.

그는 공산주의자들을 몰아내기 위하여 힘썼다.

동족 분단의 아픔이 있었지만 자유민주주의 체제를 막는 북한 공산당 체제와 결별하였다.

정부는 수립되었지만 나라가 안정을 찾기까지는 쉽지 않았다.

처음으로 시도하는 미국식 정당 정치 시험도 만만치 않았다.

자유당과 민주당이 그것이다.

정당 정치의 취지는 매우 좋은 것이다.

정권을 잡은 여당(與黨)을 야당(野黨)이 견제하며 국가를 부강하게 하는 각 분야의 장(官)들이 제대로 일한다면 얼마나 좋은가!

그러나 그것이 아니다.

야당이 되면 무조건 정부를 비판하며 쥐어틀고, 야당은 어떻게든 정권을 잡기 위하여 국민을 선동하고 중상모략하며 사회를 어지럽힌다.

특히 대학생을 중심한 젊은이들을 모아 데모하게 하여 국정 혼란을 야기한다.

이러한 혼란 속에서 북한 정권은 남한을 적화하기 위하여 간첩을 남파하고, 젊은 학생들을 포섭하여 주체사상을 주입하고, 나라를 좌경화(左傾化)하여, 결국 민주당은 좌경화되고 말았다.

자유민주주의 국가로 체제가 잡혀가는 과정에서 나타난 사건이 있다.

1960년 4 · 19 학생 의거와 1961년 5 · 16 군사혁명이다.

4 · 19 학생의거는 야당 인사였던 조병옥 · 장면이 주도하였다.

발단 원인은 3 · 15 부정선거였다.

이로 인하여 이승만 대통령이 하야하고, 이기붕 등 많은 자유당 인사들이 숙청되었다.

새롭게 정권을 탈취한 민주당이 나라를 잘 다스렸는가? 그렇지 않다.

정권을 잡은 저들은 나라가 매우 혼란한 틈 속에서 어떻게 정치를 해야 하는지 몰라 갈팡질팡하였다.

대남 적화 야욕을 버리지 않는 북한은 남한의 내부 분열을 유도하였고, 나라는 점점 위기에 처하였다.

다행히 박정희가 5 · 16 군사혁명을 이끌며 나라를 안정시키며 자유민주주의 체제를 공고히 한 것은 너무나 잘한 일이었다.

당시를 좀 더 회고해 본다.

여당에 이승만 · 이기붕 · 최인규가 있었고, 야당에 신익희 · 조병옥 · 장면 · 김구가 있었다.

이들은 나라가 주권을 잃었을 때 해외에 임시정부를 두고 조국의 독립을 위하여 함께했으며, 조국 광복의 기쁨과 정부 수립까지 힘써온 사람들이다.

그러나 막상 정부가 수립되자 정권야욕을 불태우며 비극과 불행을 초래하였다.

야당의 지도자였던 신익희는 유세 강연 도중 죽었고, 김구는 이승만을 떠나 남북을 오가더니 암살되었으니, 허무한 인간의 욕심이어라!

우리의 민족성을 생각해 보자.

왜 나라가 잘 살도록 우리 민족은 하나가 되지 못할까?

과거의 당파 싸움을 계속하고 있을까?

과거에는 문맹률이 높아 지식이 부족했다고 하자.

그러나 오늘날은 이제 국민의 교육수준도 매우 높아졌다.

그러나 민족성은 점점 후진하는 것이 아닌가 생각된다.

남북분단의 와중에 영남·호남 분열은 무엇인가?

자유민주주의 체제가 공고해지는 와중에 공산주의자들은 또 무엇인가?

아무튼 한국전쟁의 아픔을 이겨내며 이승만 대통령의 자유민주주의 헌법은 대한민국 건국과 함께 나라의 기초를 점차 잡아갔다.

그는 미국을 통해서 배운 분명한 통치 철학이 있었다.

바로 자유민주주의, 시장경제, 한미동맹, 그리고 기독교 입국론이었다.

이승만 대통령이 비록 독재를 하였지만 당시 과도기적인 상황에서 어쩔 수 없는 선택이었으리라!

그러나 노구(老軀)의 이승만 대통령은 '4·19 의거'라는 젊은 대학생들의 불굴의 정의의 외침 아래 아깝게 하야할 수밖에 없었다.

혼란 속에 5·16 군사 혁명을 통해 박정희 대통령이 나타났다.

그는 육사 출신답게 투철한 반공정신으로 안보를 군건히 하는 한편 경제 개발에 온 힘을 기울였다.

그 중에 하나가 경부고속도로 건설이었다.

당시 김대중·김영삼 등 야당인사들이 반대하였지만 그는 강하게 추진하였고, 기어코 한강의 기적을 이루어 내었다.

그러나 북한 김일성은 적화야욕을 품고 육지와 바다로 계속 무장간첩들을 침투시켰으나 국군의 철통같은 방어태세로 안보가 튼튼한 가운데 경제는 발전해 갔다.

포항제철, 울산비료공장, 조선소, 지하수개발 등이 그것이다.

이승만 대통령이 자유민주주의 체제로 나라의 기틀을 올바로 세웠다면, 박정희 대통령은 오늘의 경제 대국을 만든 장본인이다.

우리 후손들은 두 대통령의 이러한 치적에 대하여 정당한 평가를 내려야 한다.

김일성의 적화야욕 선동과 주체사상에 젖어 좌경화된 남한 내의 일부 정치인과 불순분자들이 온갖 모략과 선동으로 사회를 불안하게 하고 국가를 흔들고 있다.

그 대표적인 것이 1974년 8월 15일 광복절에 일어난 박정희 대통령 살해 사건이다.

다행히 대통령은 살았으나 영부인 육영수 여사가 비명(非命)에 갔다.

하나님께서 나라를 위해 대통령을 구한 것이다.

그러나 야당(신민당) 총재인 김영삼은 전국을 누비며 민주회복이라는 명분으로 반정부 시위를 하며 민심을 왜곡 선동하였다.

이런 상황 속에 북한 김일성의 남한 내 공작은 암암리에 진행되었다.

이러한 국내외 상황을 간파한 박정희 대통령은 결단을 내려 유신헌법을 국민투표에 붙였다.

1975년 2월 12일이었다.

소위 삼선개헌이었는데 국민의 90%가 찬성하며 박 대통령은 3선에 성공하였으나 김영삼·김대중 등 야당 정치인들이 대학생들을 선동하여 나라를 더욱 혼란케 하는 가운데 북한 김일성의 남한 내 선동 공작도 치밀하게 진지를 구축해 갔다.

국내 정세의 혼란 속에서 박 대통령은 미국의 요청으로 국군을 월남전에 파견했으나 1975년 미국은 오랜 전쟁을 견디지 못하고 베트남전에서 패배를 인정하고 철수하였으며, 우리 국군도 철수하였다.

이로 인하여 베트남은 공산화 되었다.

이를 빌미로 북한 공산당의 괴수 김일성은 의기양양하여 중국과 소련을 방문하는 등 분주히 행동하였고, 한반도는 전운이 감돌았다.

이에 대비하여 박 대통령은 50세까지 방위군을 편성하는 등 조치를 취하였고, 나아가 각종 명목으로 방위세를 증수하며 안보를 강화코자 전 국민의 단결을 부르짖었다.

그렇다! 수많은 재산도 국방이 약하면 무용지물이다.

적화야욕에 불타는 북한 공산 집단 밑에서는 무엇보다 안보가 중요하다.

이러한 시국에서 공무원들은 탐관오리와 같이 사리사욕을 채우기에 혈안이 된 자들이 많았다.

예로서, 면(面)사무소에 가서 주민등록을 하려고 하면 "좀 기다려요." "있다가 오세요." "바빠요." 하며 시간을 끌었다.

담배 한 갑을 사다 주면 그제야 해주는 것이 버릇처럼 되어 있었다.

박 대통령은 이런 사실을 중시하여 국정쇄신도 국력이라 하여 공무 기강을 바로잡았으니 참으로 그는 역사에 남을 지도자라 하겠다.

돌이켜보면 20여 년을 전쟁 속에서 시달리다가 우방(友邦)의 지원도 헛되이 공산화 된 베트남은 세계적으로 그 교훈이 컸다.

칼 마르크스(Karl Marx)의 공산주의는 2차 세계대전을 끝으로 꽃을 피운다.

한마디로 아시아에는 우리 남한을 제외하고 대부분 공산주의 국가였다.

우리나라도 6·25 한국전쟁을 통해 공산주의 북한과 민주주의 남한이 싸웠는데, 베트남이 그랬다.

미국은 자유민주주의를 지키기 위해 장병 50만 명을 파병하였다.

우리 한국군 파병도 요청하여 국군 4만 명을 지원하였다.

맹호부대·청룡부대·비둘기부대 등 우리 국군은 월남전에서 큰 활약을 하며, 많은 열매를 거두었다.

그러나 미국은 월맹군의 끈질긴 게릴라전으로 지쳤다.

미국은 수많은 인명피해는 물론 막대한 군비를 월남전에 쏟아 부었다.

그러나 미국의 포드 대통령은 휴전을 선언하고 무조건 철수하고 말았다.

이때 맺어진 조약이 파리 평화협정이다.

미국은 전쟁 복구비로 월맹에 13억 불을 지원하였다.

휴전선은 유엔군이 감시하기로 하였다.

미군이 철수하되 모든 장비는 월남군에 넘겨주기로 하였고, 미국은 고문단을 남겨 놓아 월남군 훈련을 맡기로 하였으나 미국군과 한국군이 철수하고 1년도 안 되어 월남 베트콩과 월맹군은 사이공까지 물밀 듯이 쳐들어왔다.

그리고 월맹군이 승리하며 공산국가가 되었다.

어찌 된 일인가?

베트남의 군인들은 물론이고 월남군 고위 장교들도 미국이 남기고 간 전쟁 물자들을 적군인 월맹군과 베트콩에게 팔아넘겼다고 한다.

미군이 남기고 간 600대의 탱크가 고스란히 월맹군에 넘어갔다고 하니 미국은 세 치 혀를 찰 일이다.

그뿐인가?

야포, 장갑차, 화약원료 등 막대한 군수품이 공산주의 수중에 들어갔으니 기가 막힌 일이다.

우리나라는 남과 북으로 나뉘어 있다.

50년 전의 월남과 너무나 닮은 점이 많다.

남한에는 베트콩과 같은 공산주의를 신봉하는 주사파들이 민노총, 전교조, 언론노조, 참여연대 등 시민단체를 장악하고 있다.

온 국민이 정신 차리지 아니하면 언젠가 저들이 우리나라를 망하게 할지 모른다.

월남을 교훈으로 삼아야 한다.

나의 심리와 급변하는 세대 차이

나는 농촌에서 가난하게 태어나 사연의 사연, 숱하게 얽힌 사연 속에 피눈물 어린 세월을 살아왔다.

어린 시절, 나 자신이 옳은 마음으로 옳은 일을 행한다면 세상 사람들은 다 같은 마음으로 다툴 필요가 없으리라 믿었다.

그런데 이런 믿음이 샅샅이 무너지고 말았고, 나의 마음을 아프게 한다.

예로서 나의 한 경험을 이야기하고자 한다.

가장 가까운 부모 자녀 사이에도 내가 옳은 일을 하려고 하면 부모가 말린다.

형제 동기간에는 더 말할 것도 없다.

물론 옳은 일에도 한계가 있다.

가령 갈 수 없는 가정 형편에 상급학교에 가겠다고 고집(固執)을 한다거나, 부모에게 할 수 없는 일에 대한 허락을 요구하는 일들이다.

한 시간 공부하고 부모님 일을 두 시간 돕겠다고 하는데 부모는 공부는 하지 말고 일을 도우라고 강요하시거나, 아버지가 형과 다투는 것을 말리니 아버지가 왜 말리느냐고 역정(逆情)을 내시는 것이다.

우리의 옛 풍속에 '결혼하려면 100년을 같이 살아야 하니 궁합이 좋아야 한다'는 말이 있다.

그러나 나는 내가 옳은 일을 하면 상대방도 사람이니 그도 별 불만이 없으리라고 생각하였다.

그러나 살다 보니 그게 아니다.

속담에 '말을 타면 종을 두고 싶다'고 하였다.

내가 성의를 다하여 일하면 상대도 함께 성의를 다하여 일해야 보람을 느낀다.

그러나 이와 반대로 '너는 해라 나는 덕분에 편해 보겠다'는 식으로 한다면 불만이 생기는 것이다.

가정생활에서 이러한데 사회생활에서는 더 말할 것도 없다.

서로 도우며 열심히 살아 공동의 번영의 꿈을 이루며 살면 얼마나 좋은가?

그러나 이 세상은 그렇지 않다.

선하고 의로운 공동체적 삶을 훼방하고 가로막는 어떤 악한 개인주의가 존재하는 것이다.

뜻 깊었던 지난 시절에 내가 맨주먹으로 청계산 자락 금토동에 가정을 갖게 된 것은 조국이 일본으로부터 해방이 되면서부터였다.

당시 나이가 25세로 집안이 가난하여 막막하기만 했다.

당시 1인당 국민소득이 100불 정도였다.

해방과 함께 남한은 민주주의, 북한은 공산주의 체제가 되며 한 치 앞을 알 수 없는 때였다.

나는 함경북도 청진에서 일하다 모든 것을 뒤로하고 고향으로 돌아왔다.

이웃 사람들이 만나면 비웃었으니 나의 신세는 참으로 비참하였다.

잘 할 줄 모르는 농사는 서툴고 힘들고 배고프고 돈이 안 되었다.

형들도 거지가 되었다며 놀렸으나 나는 참고 또 참았다.

이왕지사 한 번 태어난 인생 아닌가!

할 줄 모르는 농사였지만 열심히 한 대가는 해마다 늘었다.

결혼 당시 초가 2칸이 30세 되던 해는 7칸이 되고, 32세에는 행랑채 6칸을 기와집으로 지었다.

일본으로 건너가 회사생활을 하며 모은 돈이 400원이었다.

그 돈을 밑천으로 농사지으며 효자문 밭 1,334평, 고속도로 주변 논 1,110평, 고산골 논 1,343평, 어릿골 논 800평, 윗골 논 880평, 백현리 논 800평, 봇들 논 600평, 코뚤이뿔 밭 1,500평 등 많은 농지를 소유하게 되었다.

당연히 소 마차를 부리고 품꾼까지 두었으니, 이때의 나의 나이 40세였다.

어느 날 등자리 사는 임상옥 씨가 나를 만나 "도깨비 방망이를 얻었느냐?"고 농담을 했다.

나는 성격이 내성적이었다.

어디 가서 보통 사람들처럼 땅 흥정, 소 흥정, 집 흥정 할 줄 모르고 집에서 열심히 소를 키우며 농사를 지었고, 송아지를 사서 3년간 길러 큰 소가 되면 팔아 전답을 사서 농사를 짓는 일을 반복하였을 뿐이었다.

가장으로서 나이 많으신 어머니를 부양하며 7남매를 양육하는 등 최선을 다하였다.

비록 몸은 고단하였으나 가정은 기틀이 잡혔다.

윗마을 방앗간도 사고 대부분의 농기구를 구입하였다.

누구보다 어머니께서 기뻐하셨다.

나는 반반한 옷 한 벌, 구두 한 켤레 사 신지 못하고, 어느 친구하고 술자리 한 번 제대로 갖지 못했다.

낙생초등학교 동기인 김영찬이 방문하면 점심 대접하고, 막걸리 한 되 사다가 정을 나누는 것이 전부였다.

김영찬은 초등학교 시절 1, 2등을 다투었다.

그는 판교 김점돌이 후원하여 춘천 사범 1년을 수료하고 교편을 잡으며 교장으로 재직하였으나, 불행히도 61세 때 교통사고로 세상을 떴다.

그는 나를 만날 때마다 나를 칭찬하며 용기를 주곤 하였다.

7남매 교육에도 빈틈이 없었다.

차비나 주고 용돈은 일절 주지 않았고, 옷과 신발도 닳아야 사주었으나 학교 수업료는 제때 주었으며, 세금 같은 공과금은 항상 일찍 지불하였다.

하나님께서 반려자로 주신 아내 이종연은 나의 마음을 알고 열심히 내조하였음은 말할 필요도 없다.

제5막

장년기에서 노년기로

- 제2의 고향 평택과 농촌 생활

- 지난 세월을 추억하며 웃는다

- 고향 금토동을 떠난 후 가족 이야기

- 고향 금토동으로의 귀향과 기쁨
  (제주 여행과 결혼 50주년 기념식)

제2의 고향 평택과 농촌 생활

세월은 흘러 나이가 60세에 이르니 차츰 기력도 줄어들었다.

때마침 박정희 대통령이 경부고속도로를 건설하면서 마을에 도로공사가 생기며 일부 농지가 수용되었다.

보상금으로 평택군 팽성읍 평궁리에 전답 10,180평을 구입하였다.

이리하여 1986년 12월 30일 금토동 집과 전답을 둘째 광국이에게 관리하게 하고 아내와 함께 평궁리로 이사하였다.

이때 나이가 66세였다.

평궁리에 살던 원주민 나재홍이 손발이 되어 도움을 받았지만 여의치 않아 각종 필요한 농기계를 구입하였다.

이양기, 트랙터, 콤바인, 건조기, 소독기 등 모두 2,000만원에 달했다.

한편 금토동 전답을 맡은 광국이가 농사에 서툴러 생활 유지가 힘들어 안타까운 실정이었다.

효자문 밭을 포함한 대부분 밭이 망초로 우거져 생활고에 시달렸다.

세대 차이라고 해야 할 것이다.

요즘 젊은이들은 어려운 일은 하려고 하지 않는다.

풀을 제거하지 않고 농사를 지으려고 하니 어찌 농사가 되겠는가!

그 좋은 땅을 묵히고 있으니 기가 막힌 일이었다.

나이 69세가 되던 해에 기력도 줄고 농기계를 장만하였으니 둘째 광국이를 평택으로 오도록 하였다.

첫 해에는 용돈으로 광국이에게 월 15만원을, 자부에게는 월 5만원을 주었으나 광국이가 시원치 않게 생각하여 이듬해부터 논 5천여 평과 추수한 쌀을 다 광국이에게 주기로 하였고, 모든 농기구도 그렇게 하였다.

세금 등 모든 운영비도 광국이가 부담하기로 하였다.

그런데 이렇게 도와주어도 가정 경제가 어렵다고 하였다.

1992년에는 7천여 평의 논을 경작하여 적지 않은 소득을 거두었지만 부족하다고 내외가 직장을 다니기 시작하였다.

내가 생각지도 못한 일들이 벌어졌다.

1990년 가을 250만원에 산 트럭을 1992년 5월 65만원에 팔고 택시를 700만원에 사서 직장 출퇴근에 사용하였다.

호화생활이었다.

이것이 세대 차이이다.

만일 내가 금토동에서 이렇게 호화로운 생활을 하였다면 과연 많은 재산을 모을 수 있었겠는가!

1993년 평택 논 5천여 평과 집터 4백여 평을 광국이 명의로 해주었다.

'여생을 편하게 지내다가 하나님 나라로 가자'는 마음이었다.

그러나 아들 내외가 직장을 나가니 어린 손주들이 남아 이러지도 저러지도 못할 지경이었다.

아직은 건강하나 언제까지 생명을 유지할 수 있을까?

다행히 고난의 세월이 지나고 좋은 세월을 보내니 감사하였다.

금토동에 가면 광화가 승용차가 있고 평택에 오면 광국이가 승용차가 있어 시내를 가거나 병원을 가도 편하게 오가니 세상이 변해도 이렇게 변할 수가 없다.

한편 금토동 285-1의 5필지 1,110평 등 모든 전답은 돌보지를 못해서 형편이 없었는데, 한마디로 황무지였다.

이러한 환경에 광국이가 평택으로 내려왔기 때문에 마음이 너무 아팠다.

나는 기력이 많이 쇠하였으나 마지막 최선을 다하였다.

1993년 6월 1일부터 다시 땅을 일구기 시작하였다.

드디어 1996년 3월 22일까지 3년 만에 모든 전답을 잘 가꾸어 놓았다.

한마디로 기적이었다.

누구도 할 수 없는 일을 해낸 것이다.

평택에 장만한 기계를 가져와 농사를 지으면 얼마나 수월한가?

그러나 둘째 광국이는 왜 고생하느냐며 듣지를 않았다.

조카 수범이에게 밭을 갈라고 해도 남들도 다 묵히는데 왜 농사짓느냐며 듣지를 않았다.

조카 광로에게 부탁을 해도 같은 말이다.

내가 이러한 땅을 장만할 때 어떻게 장만했는가?

피와 땀과 눈물로 장만한 땅 아닌가?

이 땅으로 가정을 세우고 7남매를 양육하지 않았던가?

그런데 이런 땅을 묵힌다면 하나님께서 노하실 것이다.

주위에서는 기력이 쇠하셨으니 그만두라고 하니 마음이 천근만근 아프다.

그렇게 날마다 땅을 파는 것을 알고서도 도움은커녕 와보지도 않으니 괘씸하다는 생각이 든다.

세상이 변했다지만 자식들이 부모 마음을 이렇게 허술히 여길 수 있을까?

아~ 아~ 슬프다!

3년 동안 황무지를 기름지게 만들었으나 더 이상은 어찌할 수가 없구나!

내일을 이어갈 자식들이 관심이 없고, 날마다 부모가 힘들게 일하는데
도와주지도 않으니 이제 내가 세상을 뜨면 이 땅은 나와 함께 끝이구나!
아~ 아~ 허전하구나! 슬프고 허무한 마음 금할 길이 없구나!

그렇게도 자식들을 위하여 온갖 노력을 다하였는데 부모의 마음을 모른다.
어찌하겠는가?
하늘의 하나님께 기도할 뿐이다.
"하나님! 굽어보소서!"

지금까지 한평생을 최선을 다하여 농사를 지으며 가정을 튼튼히 세우기
위해 검소하게 절약 저축하며 자식들을 격려하며 살아왔으나 부모 마음을
모르니 장차 어찌 될까?

예로부터 '부귀와 귀천은 돌고 돈다'고 하였다.
부모님 유산 없이 온갖 고초를 겪으며 한세상을 살 바에야 속히 세상 뜨는
것이 상책이 아닐까 생각해 본 것이 한두 번 아니다.
그러나 이왕지사 태어난 인생을 비관적으로 그칠 것이 아니라 하나님께서
부르시는 최후까지 최선을 다해 가정을 지키자는 신념으로 오늘에 이르렀다.
7남매를 교육에서부터 생계에 이르기까지 부자들 못지않게 가르치고 재
산을 주었으니, 팔순에 이르러 나의 할 일 다 하였구나.

비록 늦은 감은 있으나 자식들은 나와 같은 고생을 모르고 자랐다.
아직도 어려움이 생기면 부모를 의지하려고 한다.
세 명의 자부들도 모두 대학 출신이니 마을에서는 보기 어려운 영광의
가정으로 발돋움하였다.
경제적으로 어려워 천대받던 시절을 지나 가장 잘 사는 가정으로 변모한
것은 모두 하나님의 은혜이니 그분께 영광을 돌린다.

1996년 5월 24일!

자식들의 주선으로 결혼 50주년 기념행사를 성대히 치렀다.

우리 가정사에 처음 있는 일이다.

내 일생을 두고 모두가 순조롭게 이루어졌다 함은 하나님의 은혜이지만, 나름 최선 다해서 살았다는 증거라고 믿는다.

비록 자식들이 몰라주는 힘든 농사를 요즘도 하고 있다.

나의 일생에 장만한 농지를 묵히지 않고 최후의 그 날까지 열심히 살 것을 맹세한다.

자식들도 나와 같이 열심히 인생을 살 것과 물려준 재산을 낭비하지 말고 잘 관리할 것과 나태함과 게으름은 가난을 자초하는 법이니, 항시 정신을 차려서 허술함이 없도록 힘써야 할 것이다.

지난 세월을 추억하며 웃는다

1946년 3월, 25세부터 시작한 농촌 생활은 정말 힘들었다.
특히 농사가 서툴러서 형제들과 이웃들의 비아냥거림이 심했다.
인생을 비관한 적이 많았다.
그때마다 어머님은 나를 따라다니시며 용기를 주셨다.
　"젊을 때 고생은 돈을 주고 산단다."
　"고생 끝에 낙이 온다."
　"언젠가는 이웃보다 잘 살 때가 온다."

어머님은 이렇게 나를 격려하셨다. 감사드린다.
어머님은 6남매 중 나를 유달리 사랑해 주셨다.

　어려운 일 정성과 노력을 기울여 금토동 논 285의 1번지 1,110평을 장만
하였다.
　29세에 7칸의 초가와 황소를 장만하며 가정이 성장하니 어머님이 대단히
기뻐하였다.
　집을 새로 짓고 어머님을 모셨다.

　갈대밭 같은 종중 사업을 창설하였다.
　겨울에 밤이면 마을의 글 모르는 사람들에게 한글과 한자를 가르쳤다.

낮이면 소를 키우며 일하니 이웃들 보기에 가정 경제가 눈부시게 성장하였다.

6남매를 키우느라 봄이면 나물 캐어 팔고, 해진 무명치마 입고, 여름이면 호미를 벗 삼아 밭을 일구시던 어머님이 너무 기뻐하였다.

어머님! 감사합니다.

이 불효자식 무엇으로 변명하리이까? 그저 눈물뿐입니다.

회갑도 살지 못할 것 같았던 내가 팔순을 바라보고 있습니다.

인생이 비록 고생이나 오래오래 살아 너를 비웃고 헐뜯고 손해 입히던 자들을 눈여겨보라고 하시던 어머님! 지금의 나를 있게 한 어머님!

이 모든 것이 위대하신 어머님의 기도의 덕분입니다.

감사의 눈물이 흐릅니다.

세상에 계실 때에 세도 부리고 어머님의 재산을 가져간 어머님 친정(외가)은 모두 사라져버렸습니다.

그러나 어머님의 기도로 하나님은 저에게 현명한 대학출신 세 자부를 보내셔서 복을 누리게 하시니 감사합니다.

하늘에서 기뻐하소서!

어려서부터 실천한 근면 검소함과 절약 저축 습관은 지금도 계속되고 있다. 문제는 기력(氣力)이 쇠(衰)하였다는 것이다.

인생을 열심히 살다 보면 이웃 간에 많은 문제가 발생한다.

나도 살아오면서 이런저런 많은 사연이 있었다.

다음은 힘들었던 이웃들과의 관계에서 일어난 일들로 지금에 이르러 생각해 보면 모두가 다 추억이다.

오래전 어렵게 농지를 확보하면서 일손이 부족하였다.

아내 역시 7남매를 기르며 농사일을 도와야 하니 힘든 것은 이루 말할 수가 없었다.

이처럼 일손 부족으로 힘든 시절에 있었던 이야기로 시작한다.

8촌 나부길이 세상을 뜨고 후계자 나야곱이 재산을 상속했다.

그는 금토동 308의 5번지 800평을 경작하였다.

이 밭의 접경에는 8촌 나삼돌(재진)이 황무지를 개간해 경작하였다.

나삼돌은 본래 금토동 출신이었으나 20년간 서울에서 살다가 6 · 25 한국 전쟁과 함께 고향으로 내려와 농사를 지었으나 나처럼 농사가 서툴러 어려움을 겪고 있었으니 당연히 경제적으로 힘들 수밖에 없었다.

어쩔 수 없이 날이 새면 돌밭을 가꾸며 일구어 곡식을 심으니 추수하는 곡식이 적었다.

여기까지는 좋은데 야곱이가 경작하는 땅을 날마다 야금야금 파들어 갔다.

삼돌이와 야곱이는 5촌 지간이었는데 만나면 수시로 다투었다.

이러기를 3년 동안 하였다.

어느 날, 셋째 형 성윤이 나에게 말했다.

너의 코땡이 밭하고 야곱이의 아랫거리 밭하고 바꾸라는 것이다.

왜 바꾸느냐고 물었다.

야곱이가 말하길 삼돌이하고 싸우기 싫어 바꾸기를 원하는데 그렇지 않으면 팔아버린다고 하였다.

삼돌이 밭이 너의 코땡이 밭보다 좋고 집에서도 가깝지 않느냐고 하였다.

웃돈을 2만원 얹어 주라고 하였다.

나는 신중히 생각한 끝에 땅을 바꾸었는데, 그것이 화근이 되었다.

삼돌이는 야곱이 때와 같이 밭 경계선을 넘어 밭을 파들어 왔다.

곡식을 심어 놓은 곳까지 침범하였다.

내가 강력하게 항의하자 미친 개 모양 달려와서 뺨을 가격하였다.

입에서 피가 나고 얼굴이 부어올랐다.

한창 바쁜 농번기라 누워 있을 수도 없었다.

약을 사다 바르고 일하러 다녔다.

만나는 사람마다 얼굴이 왜 그러냐고 묻는데 민망하였다.

하루는 임학현을 만났다.

그가 왜 얼굴이 그러냐고 묻기에 나는 태연하게 둘러대었다.

괭이를 들고 가다 실수로 괭이에 맞아 이렇게 되었다고 하였다.

삼돌네 집 부근이었다.

마루에 앉아 있던 삼돌이가 나의 말을 들었다.

그가 나와 나를 붙들고 울며 자기 집으로 들어가자고 하였다.

처음에는 거절하였으나 간곡히 들어가자고 하여 그의 집으로 들어갔다.

그는 울면서 용서해 달라고 하였다.

나는 용서하는데 다시는 그런 마음으로 농사짓지 말라고 당부하였다.

부었던 얼굴은 약을 사다 바르며 일주일 후에 나았다.

이런 일이 있고 나서 마을 이장 선거가 있었다.

나와 윤원호의 지원으로 권혁한과 대결에서 나삼돌이 이장이 되었다.

그는 말만 앞세우고, 아는 체를 많이 하나 실천에 옮기지 않았다.

면에 가면 동네일은 외면하고 욕심을 부리며 부정 재산 얻기에 치중하였다.

그는 내가 야곱이와 바꾼 땅이 금토동 308의 5번지와 금토동 310의 2번지 두 필지로 나누인 것을 알고 수작을 부렸다.

나의 땅 금토동 310의 2번지 전 222평을 자기 명의로 해놓은 것이다.

이 땅은 분명히 야곱의 아버지 나부길이 값을 주고 상환한 땅으로 알았는데 크게 속아 야곱이 당할 일을 현금 2만원이나 웃돈을 주고 그 불안을 떠안은 셈이 되었다.

다름 아니라, 308의 5전 500평만 상환을 붓고 310의 2의 전 222평은 값을 치르지 않을 걸로 면사무소에 되어 있음을 안 삼돌이(재진)가 흑심을 품고 세무대장부터 농지대장까지 자기 명의로 고쳐놓은 것이었다.

이런 인간을 도와 이장을 만들어 주다니 천추에 잊을 수 없는, 그야말로 '쇠가 쇠를 먹는다'고 하더니 친척도 모르고 이런 식으로 갚으니 지금도 생각하면 마음이 사무친다.

삼돌이는 나보다 6세 위인 8촌 형이었다.

그는 늘 종중을 위한다고 허울 좋게 말했다.

그러나 누구도 믿지 않았다.

그가 청춘 시절 서울 명동에서 지낼 때는 돈을 좀 벌었다고 한다.

그러나 고향에 와서는 허례허식으로 세월을 보냈다.

가정 경제에 타격을 입고 친척도 모르고 재산을 증식시키기에 논이 멀어 수단 방법을 가리지 않고 악한 마음을 품고 행하니 가슴이 아프다.

1964년 박정희 대통령이 특별조치를 내렸다.

자기가 관리하는 땅으로 등기하지 못한 땅은 1개월 시한을 두고 전국적으로 등기를 내도록 행정지시를 하였다.

나의 땅 금토동 310의 2번지 전 222평이 해당되었다.

면에서는 이 문제를 리(里) 자체적으로 해결토록 하였다.

당시 이장이 배석환으로 실행위원장이 되었고, 실행위원으로 윤원호·임상봉이었고, 등기 사무를 김광희가 맡았다.

김광희는 외가로 6촌 동생이었다.

서울에서 살았으나 매부를 따라 만주 가서 지냈는데 해방이 되며 소련군에 끌려가 소련에서 살면서 사경을 헤매는 곤경(困境)에 처하였다가 고향으로 도망쳐 왔다고 한다.

고향에 돌아오니 가정 경제가 말이 아니었다.

남의 집 곁방살이를 하며 지냈다.

이로 인하여 나의 후원을 많이 받았고, 나는 그를 이장으로 추천하였다.

이장 시절에는 조석으로 우리 집에 와서 식사하였고 마을 일에 대하여 나와 많이 의논하였다.

그런데 이 사람이 나를 배신하였다.

그는 돈벌이에 눈이 어두워 동기 친척을 외면하고 탐욕을 부렸다.

나는 그의 마음을 알아차리고 위의 금토동 310의 2번지 밭에 대하여 관심을 기울였다.

평소 친하게 지내던 실행위원 윤원호에게 부탁하여 금토동 308번지 지역을 설명하며 누구에게도 도장을 찍어주지 말 것을 부탁하였다.

그는 그렇게 하겠다고 약속하였다.

윤원호는 나보다 10세가 위였다.

이승만 대통령 시절에 여당에 속하여 마을 일을 나와 손잡고 하여서 그를 믿었다.

어느 날 김광희를 만나 등기 조치법에 대하여 물었다.

그는 금토동 310의 2번지 밭을 삼돌이가 등기를 신청하여 곧 등본이 나올 때가 되었다고 하였다.

배석환과 윤원호를 만나 책임을 추궁하니 삼돌이가 자기들도 모르게 도장을 찍었다고 하였다.

나는 그들에게 면에 가서 삼돌이의 등기를 취소토록 조치해 줄 것을 호소하였는데 그들은 나에게 직접 가서 이의 신청을 하라고 하였다.

어찌 이럴 수가 있는가!

내가 즉시 면으로 달려가자 삼돌이가 알고 즉시로 면으로 와서 금토동 310의 2번지 밭 222평을 자기 소유라고 우겼다.

당연히 면사무소가 시끄러웠다.

그 후 나는 10여 차례 면에 가서 등기 정정 신청을 하였는데, 그때마다 삼돌이가 와서 자기 땅이라고 우겼다.

다행히 면 서기 정씨가 지적도를 가지고 현장을 답사하여 상황을 파악하고 삼돌이의 등기를 취소하고 미결로 그쳤다.

그 후 10여 일이 지났다.

윗동네 사는 임범준의 아들 상문이가 찾아왔다.

그는 금토동 310의 2 밭 222평이 자기 양할아버지 명의로 군 토지대장에 기록되어 있다며 자기가 등기 내어야 한다고 하였다.

등기 사무를 맡고 있던 김광희가 위 토지가 등기가 미결로 되자 광주 군청에 가서 토지대장을 확인하고 임상문에게 말한 것이다.

나는 상문에게 말했다.

"우리와 너희가 금토동에서 사는지가 하루 이틀이 아니고 100여 년이 넘었다. 그 땅은 내가 야곱이 하고 바꾼 것을 네가 잘 안다. 너의 조부 시절 억울하게 빼앗겼다는 말도 듣지 못했다. 동네 사람들도 잘 안다. 또 너희가 전에 그 밭을 했다는 말도 듣지 못했다. 그러니 양심껏 하라."

그 땅은 군 대장에 낙생면 백현리 임덕순 이름으로 되어 있었고, 임덕순이 팔아먹은 땅이었는데, 6·25 전쟁으로 광주 등기소에 불이나 각종 서류가 사라졌고, 임덕순이 자손이 없고 살지 아니하여 불거주 증명서를 만들어서 임상문이 자기 명의로 상속등기를 하였다.

나는 임씨의 종가이며 상문의 사촌인 임상봉에게 항의를 하였다.

그는 위 문제의 땅의 주인인 서울 홍제동 남상인, 그의 매부 엄정섭의 심부름꾼, 즉 마름을 보며 도지를 받아다가 그들에게 주는 자였다.

그는 항상 나의 눈부신 가정 성장을 보며 질투를 느꼈는지 방해가 되는 일이라면 수단을 가리지 않고 나를 손해 보게 하려고 하였다.

나는 그에게 말했다.

"우리가 여기서 산지도 100여 년이 넘었다. 그 땅을 당신들이 경작한 일이 없다. 누구한테 빼앗긴 일도 없다. 그런데 가당치 않게 남의 땅을 상속등기를 내다니 마음이 더럽다."

그러자 그가 말하였다.

"의당 할 일을 했다. 별소릴 다 하네."

임상봉! 그는 임가네 도수자였다.

그러나 나는 그 땅을 계속 경작하였다.

일 년 후 어느 날, 성윤 형이 나에게 찾아와 말했다.

상문이가 그 땅을 평당 50원에 사라고 하며 좋게 해결 지으라고 하였다.

나는 형에게 노발대발하였다.

그놈들은 짐승만도 못한 날강도들이라고 하였다.

이 일로 인해 상문이는 물론 그의 형 상근에게 말도 안 한다.

몇 년이 흘렀다.

어느 날 내동에 사는 윤유의가 찾아왔다.

너의 집하고 성윤네 집을 상문이가 철거한다고 하였다.

마을 사람들을 통해 당하는 역경을 치르며 나의 마음은 담대하여 갔다.

항상 비상한 마음으로 지냈다.

우리가 사는 집터는 1,200여 평으로 소유주가 홍제동 남상인이었다.

다년간 임상봉이 중간에서 심부름하며 대지 임대료를 주면 남상인에게 전해 주어야 하는데 임상봉이 갖다 주지 않았다.

남상인은 임상봉을 의심하였다.

나는 이러한 상황을 간파하고 집터를 사려고 하였다.

마침 내동에 사는 윤홍의가 남성인을 잘 아는 백현동 남기홍 씨와 가깝게 지내고 있었다.

나는 윤홍의를 만나 내막을 이야기하였고, 그는 알았다고 하였다.

10여 일 후 윤홍의가 나를 찾아와 남기홍에게 이야기했으니 천호동에서 만나자고 하였다.

나는 성윤 형에게 이야기하고 집터를 함께 사자고 제안하였다.

그런데 형은 자신은 상환 보를 더 부어간 것이 있으니 그걸로 집터를 해결한다며 듣지를 않았다.

둘째 재철 형도 사자고 했으나 대답하지 않는다. 답답하였다.

지금 생각하면 그때 나 혼자 샀어야 했다.

셋째 성윤 형은 욕심이 많았다.

나 혼자 사면 자기 터는 임대료도 안 내고 살 것이 뻔했다.

사실 함께 이웃해서 살면서 조금만 수틀리면 땅 내놓으라며 협박을 하곤 해서 때로는 인천으로 이사 갈 생각도 하였다.

이 집터의 소유주는 홍제동 남상인이었다.

그런데 부모님이 땅을 빌려 집을 짓고 살아왔다.

부모님이 세상을 뜨신 후 형들이 셋째 성윤 형에게 넘겨주었고, 내가 결혼하자 그의 집 옆에 나의 집을 짓고 살아온 것인데, 성윤 형은 때때로 심보가 뒤틀리면 집을 내놓으라고 억지를 부리며 힘들게 하였다.

나는 손해를 줄여야 하는 만큼 성윤 형을 졸라 윤홍의하고 화양리 약속 장소로 가서 남기홍을 만났다.

매수해야 할 땅은 금토 2통(아랫말) 모두 1,156평이었는데, 주택이 6가구, 하천도로로 들어간 밭이 있었다.

땅값은 120만원을 내라고 하였으나 95만원에 매매키로 하였다.

당일 계약금은 20만원을 주었고, 잔금은 1971년 6월 10일 주기로 하였다.

구전 2만원이 들었다.

문제는 계속되었다.

계약한 땅에는 정능선·정능철·임상인·나시문, 성윤 형, 나까지 여섯 사람이 집을 짓고 살았다.

원칙은 이들과 모두 의논해서 사는 것이 좋았겠으나 이들에게 알리지 않고 비밀리에 매수해야 하는 불가피한 사연이 있었다.

당시 정능선·정능철·임상인은 남상인과 사이에서 심부름하는 임상봉과 인척지간으로 그가 알면 방해할 것이 분명하였기 때문이다.

또한 능선이가 닭 한 마리를 잃어버렸는데 그 닭이 성윤 형 닭장에서 발견되었다며 서로 자기 닭이라고 다투었는데 능철이까지 형제가 합세하여 으르렁거리던 차여서 함께 의논하기가 쉽지가 않았다.

게다가 성윤 형수 옥수동 해주 오 씨와 능철이 부인이 고춧가루 장사를 하다가 다투어 말도 잘하지 않았다.

능철이는 괴벽에 욕심이 많고 술을 좋아하고 놀음을 즐겨하였는데 덕분에 놀음과 술을 좋아하는 마을 사람들의 지원을 받아 이장이 되었다.

당시 면장은 이종익으로 능철이와 동창이라며 크게 지원을 하였고, 능철은 다방에서 술친구들을 많이 사귀고 있었다.

그는 6·25 한국전쟁 기간 군에 입대하였는데 인민군에 포로로 잡혔다가 도망쳐 아군의 포로가 되어 거제도 포로수용소에 있다가 휴전과 함께 귀가 했다가 재 입영을 하여 포로라는 불명예를 벗고 전역을 하였다.

군 근무 중 왼손가락을 다쳐 상이용사라고 하여 세도를 부리기도 하였다.

안하무인으로 제게 맞지 않으면 누구에게나 우악스럽게 굴고 어디서나 자기 세상이었다.

그의 아내는 상적동 용 씨로 용대복의 딸이니, 용대복은 술 건달로 이름이 높았으며 아들 용방식은 역시 건달로 6·25 전쟁 때 총살되었다.

이런 집의 딸이니 도의성은 고사하고 욕심 많고 욕 잘하고 남하고 잘 싸우고 남 안 되는 것을 좋아했으며, 남 싸움 잘 붙이고 남의 것 어려워하지 않아 소문이 널리 났었다.

성윤 형수도 괴벽이 보통이 아니었다.

이런 사람들 틈에 끼어 지냈으니 평안히 지내기가 쉽지 않았다.

4년이 지나도 문제는 계속되었다.

양편에서 나를 원망하며 온갖 악담을 하였다.

심지어 정능철 내외는 서울 지방검찰청에서 해군사관학교에 재학 중인 광화를 학교에 알려 퇴교 조치토록 하겠다고 검사에게 입을 놀렸으나 나는 침묵으로 일관하였다.

사건을 해결하기 위해 큰 노력을 기울였으나 땅 문제가 걸려 있어 문제가 쉽게 해결되지 않았다.

1971년 6월 10일 성윤 형과 함께 남기홍을 화양리에서 만나서 잔금을 지불하고 토지 임대료 명부를 넘겨받았다.

예측대로 정능철은 이름은 있는데 임대료를 내지 않았다.

그러나 정능철은 매년 쌀 한 말씩 지불하였다고 주장하였다.

그렇다면 임상봉이 받아서 남상인에게 주지 않았다는 결론이다.

능철네 집터는 대지가 아니고 밭이었다.

밭을 대지로 변경하려면 농지위원장인 이장의 도장을 받아야 했다.

이장은 정우철로 문제를 해결하는데 난처하였다.

나는 성윤 형을 찾아가 의논하였다.

터를 샀다는 사실을 당분간 공표하지 말고 밭을 대지로 지목 변경을 하여 등기를 하고 공표하든지 아니면 이미 계약을 하였으니 정능철을 포함 6명이 함께 사는 것이 어떠냐고 하였다.

이에 성윤 형은 계약했다는 이야기는 하지 말고 지목 변경하여 등기를 내고 공표하자고 하였으나 이것도 허사였다.

광주군청에 지목 변경을 신청하는데 능선이가 우리가 터를 샀다는 사실을 능철에게 떠들었다.

사건은 새로운 국면을 맞았다.

하나의 문제가 해결되면 또 새로운 문제가 나타나니 마음은 답답하기만 하였다.

일단 지목 변경 신청이 접수되었다.

군청 담당자가 현장 답사를 나와 이장 정능철을 만났는데, 능철은 군 직원에게 술을 대접하여 집이 있음에도 대지를 밭이라고 속여 돌려보냈다.

다른 터는 모두 등기가 되었는데 능철이가 사는 집터만 등기를 내지 못해서 능철은 분노하였다.

심부름꾼인 임상봉도 모르게 매매가 이루어졌다며 노발대발하였다.

임상봉도 역시 마찬가지였다.

정능철과 임상봉은 홍제동 남상인을 찾아가서 사실 여부를 따졌다.

남상인이 사실이라고 하며 이웃 간에 좋게 하라며 중개한 남기홍과 함께 해결하라고 하였다.

남기홍은 문제를 이해하고 중재에 나섰는데, 문제는 매매 가격이었다.

정능철은 터무니없이 평당 500원을 주장하였다.

임상봉과 남기홍은 본래 계약금은 평당 1,600원이었으니 그대로 하자고 하였다.

나는 성윤 형에게 가서 의논하였다.

그는 매매가를 2,500원으로 올리자고 하였다.

이때가 1971년 12월 16일이었다.

능철은 이장이랍시고 땅 문제로 온갖 문제를 일으켰다.

당시에 면이나 군청에 가서 서류를 발급받거나 신청하려면 이장의 도움이 필요하였다.

능철은 늘 행정 처리를 방해하며 괴롭혔다.

그러나 마을에서 여러모로 신임을 받는 나에게 함부로 하지는 못했다.

마을 사람들은 능철의 삶의 자세를 잘 알고 있었다.

그는 마을 사업용 철근 등을 비밀리에 팔아 유용하여 주민들의 원성이 높았다.

마을에서는 이장 직을 내놓으라고 해도 붙들고 있었다.

그는 술과 도박을 일삼았다.

대낮에 마을 유부녀(현봉의 딸)를 욕을 뵈는 등 만행을 저질렀다.

그녀의 남편이 위자료를 청구하자 위자료를 물어주었다.

그러나 그는 반성하지 않고 부끄러워할 줄도 몰랐다.

그러나 거기까지가 한계였다.

1970년 여름 신촌 세브란스 병원에서 진찰 결과 창자가 녹아 대변을 배로 보게 되었다.

생명은 유지했으나 눕는 신세가 되고 말았다.

그럼에도 그는 세월을 괴벽과 술과 놀음으로 보내며 이장 직도 내놓지 않았다.

1973년 2월, 새로운 사건이 발생하였다.

능철은 이장이랍시고 우리 형제가 산 땅의 일부인 방천머리길 옆 당시 황무지에 마을 4H 청년들에게 말하여 돌로 화단을 만들게 하였다.

그러나 관리를 하지 않아 한여름에 가시덤불로 변하여 오가는 사람들의 빈축을 사게 하였다.

성윤 형은 야채라도 심으려고 돌을 주워내며 일을 하고 있었다.
그런데 능철이 와서 보고 새마을 화단인데 복구하라며 난리를 쳤다.
난투극 끝에 성윤 형의 복사뼈가 골절되었다.
시내 외과 병원에 입원하여 치료를 받았으나 신통치 않았다.

그러자 형수가 성남경찰서에 능철을 고발하였다.
경찰서에서 능철을 불렀으나 그는 가지 않았다.
순경이 왔는데도 그는 이장이라 바쁘다며 동행을 거절하였다.
결국 그는 경찰서 유치장에 갇히는 신세가 되었다.
그러나 배로 대변을 본다며 엄살을 부려서 집으로 돌아왔다.

형수네와 능철은 이웃에서 살며 수시로 싸웠다.
그러던 어느 날 배석환이 찾아와 이웃끼리 좋게 합의하라고 조언하였다.
나는 그에게 합의 전에 입원 치료비는 물어야 한다고 하였다.
배석환이 가고 나는 시내 병원을 찾아가서 성윤 형과 의논하였다.
그는 20만원을 요구하였다.

그러나 그의 병세는 점점 악화되었다.
성남 병원에서는 고칠 수 없다고 하여 서울 중앙의료원으로 가서 엑스레
이(X-Ray) 검사를 하였다.
주치의가 뼈가 부러져 썩고 있다고 하였다.
형수는 우리 집에 와서 대성통곡을 하였다.
기가 막혔다.
문제 해결을 위해 어찌해야 하는가 물었다.
그녀는 합의금 20만원은 부족하고 30만원으로 하자고 하였다.

나는 중간에서 돕는 처남 이종근을 찾아가 사실을 이야기하였다.
그는 능철이 처를 찾아가 전달하였다.

그녀는 성윤 형의 다리가 본래 문제가 있었다며 치료비를 1원도 못 준다고 하였다.

사건은 점점 확대되었다.
형수는 진단서를 첨부하여 능철을 고소하였고, 능철도 맞고소하였다.
능철은 배로 대변을 보는데 배를 맞아 아프다며 진단서를 첨부하였다.

1차 재판에서 성윤 형이 패했다.
그 이유는 면 서기가 증인인데 그는 능철이 편을 들었다.
왜냐하면 면장 이종익이 능철이 친구였기 때문이었다.
또한 능철은 지서와 병원 직원들에게 평택 전지를 팔아 지원할 것을 약속하였다.

성윤 형은 원칙대로만 하려고 하였다.
이리하여 능철이 여러 가지로 판세가 우세하였다.
때는 1973년 7월이었다.
능철과 성윤 형의 싸움은 상호 욕설과 악담으로 쉴 새가 없었고, 마을은 시끄러웠다.

이런 가운데 싸움을 부채질한 자들이 있었다.
윗동네 사는 임 씨 몇 명이었다.
성윤 형은 고등법원에 항소하였다.
재판은 무죄로 판결났으나, 1974년 3월 성윤 형은 지방 법원에 치료비를 청구하는 민사 소송을 하였다.
재판은 성윤 형에게 유리하게 진행되었다.
능철은 재판이 불리해지고, 지병으로 가족들이 자신을 귀찮게 여기자 비관하여 그의 나이 49세에 독약을 먹고 저 세상으로 갔다.

재판은 계속되었다.

1974년 5월, 재판이 서울 동부지원에서 열렸다.

치료비 청구 비용이 80만원이었다.

능철의 아내 용한옥은 남편 대신 사건을 인계받아야만 했다.

주위 지인들에게 협조를 구했으나 여의치 않았다.

그녀도 이젠 지쳐서 이종근·임상봉·나재진 등을 매개로 쌍방 합의를 호소하여 법정 판결을 앞두고 80만원을 45만원에 합의하였다.

더불어 집터도 사기로 하였다.

집터 값은 150평을 평당 2천원을 하여 총 30만원이었다.

용한옥은 농지 800평을 판 금액으로 치료비는 지불하였으나 대지 비용은 부족하여 매수할 수 없었다.

능철은 당시 임대료를 4년간 지불하지 않았다.

이유는 임대료가 년 쌀 한 말이었는데 년 여섯 말로 올렸기 때문이었다.

그는 대지 150평을 빌리고 창고를 이발소로 임대하여 월 3000원씩 월세를 받고 있었으므로 쌀 도지가 년 여섯 말이 많은 것은 아니었다.

성윤 형은 철거 소송을 준비하였다.

나는 그에게 충언하였다.

"그 부인의 행동이 괘씸하나 형님이 몇 백 년 사는 것이 아니니 호의를 베풀어 도지나 받자."

이러한 사연과 사건이 계속되며 나는 물심양면으로 힘들었다.

용한옥은 서슴없이 나에게 대들며 막무가내로 욕을 하였다.

"성윤이가 무얼 아느냐? 네 놈이 일을 다 꾸민 것 아니냐?"

그녀는 우리에게 많은 빚을 지고 있었다.

거의 매일 집으로 고춧가루, 깨소금, 기름 등을 얻으러 왔다.

말도 없이 뒤져서 가져갔다.

능철이 이장을 볼 때면 면 서기가 온다며 밥이나 그릇이나 상을 얻으러 왔다.

그럼에도 그녀는 나에게 온갖 악담을 하였다.

한편 성윤 형은 사건의 발단이 나이고 능철이 편을 든다며 성화였다.

그뿐 아니다.

1973년 임상윤이 임대한 집터를 둘째 형 재철에게 팔았다.

성윤 형은 3년 치 도지 24만원(8말/년)을 받아 나에게는 말없이 혼자 써버 렸고, 광해와 광일의 도지도 혼자 받아서 썼다.

당시 나는 토지 매입 취득세 10,400원을 나 혼자 지불하였다.

1972년 7월 공동 매입한 땅 측량비 1,700원도 내가 지불하였다.

내동 윤홍의가 등기해주겠다 하여 8천원을 주었는데, 등기를 해오지 않 았고, 성윤 형이 돈을 돌려받고 혼자 써버렸다.

큰 형수 회갑 때 내일 모레 준다며 현금 2,000원을 빌려갔는데 그것으로 끝이다.

1974년 가을 쌀 두 말 빌려가서 그만이었다.

1971년 금토 2통(아랫말) 토지 1,156평을 매입 시(남상인 땅), 성윤 형은 계 약할 때와 잔금 지불할 때 동행하였으나 그 후, 등기 등 행정 처리를 위하여 돈을 쓸 일이 있을 때는 나 혼자 갔다.

토지 매입 건으로 3회, 등기부 등본 처리를 위해 신장에 5회를 갔다.

모든 경비를 내가 지불하였다.

그 후 불과 4년 되었는데 성윤 형은 재철 형의 집터 값을 내가 혼자 사 기해 먹었다고 거짓말을 하니 심기가 불편하였다.

잠시 과거로 올라간다.

당시 남상인 땅 구매 시, 총 토지대금이 95만원, 구전비가 2만원으로 총 97만원이었다.

계약 당일 계약금 20만원, 구전 2만원 총 22만원을 재철 형이 1만원, 성윤 형이 10만원, 내가 11만원을 내어 22만원을 지불하였다.

잔금 75만원은 재철 형 6만원, 성윤 형 35만원, 내가 34만원을 내어 지불하고 영수증을 수령하고, 땅문서까지 3부를 만들어 3형제가 각자 보관 중이었는데 성윤 형은 오해하여 나를 사기꾼으로 몰았다.

그의 큰딸 희자도 잘 알지 못하고 나에게 같은 말을 하여 나는 집에 가서 계약서를 보라고 하였다.

그 후에 성윤 형은 나에게 말했다.

"계약서의 금액을 늘려 쓴 것 아니냐?"

어떻게 이렇게 동생인 나를 의심할 수 있는가?

그는 내가 나중에 토지를 팔 때 더 받기 위하여 금액을 늘려 쓰고 7만원을 사기해 먹었다고 의심하였다.

분명히 함께 가서 잔금을 지불하였고, 함께 날인한 영수증이 있다.

남기홍의 중재로 토지주였던 남상인은 인격을 중시하는 사람으로 결코 이중으로 계약서를 쓰는 분이 아니다.

인간의 생사화복을 다스리시는 하나님께서 나의 중심을 살피고 계시다.

형제 사이에 어찌 이렇게 불신을 할까?

하늘의 하나님! 굽어보소서!

어찌하여 이런 시련을 주시나이까?

1975년 여름이었다.

성윤 형과 우리 집은 아직 같은 지번으로 등기가 되어 있어 분할 측량이 필요하였다.

마침 지적 공사 측량사가 와서 성윤 형에게 분할 등기를 하자고 제안하였더니 이야기하기 무섭게 형 내외가 몸부림을 치며 말했다.

"왜 내 땅에 집을 지었느냐? 아직 사건이 끝나지 않았으니 그대로 두라."

그동안 성윤 형은 이미 위에서 언급하였듯이 혼자서 받아먹을 것은 다 받아 챙기고, 취득세 등 내야 할 것은 나더러 내라고 하여 냈는데, 나를 도둑으로 모니 어찌 이럴 수가 있는가!

놀부 흥부전을 생각하며 참았다.

너무나 억울했지만 참아야지 어찌하겠는가!

이때의 나이가 54세인데 벌써 머리는 하얗고, 안경을 써야 글을 볼 수 있었고, 치아가 좋지 않아 질긴 것을 먹기도 어려웠다.

집터 매입 관련 사건으로 신경이 예민하여져서 건강이 많이 나빠졌고, 기력도 약해졌던 것이다.

나는 과거의 가난을 청산하기 위하여 온갖 피나는 노력을 기울였거늘 형들이 이렇게 힘들게 할 줄이야!

조용히 산중 절에라도 가고 싶다는 생각을 한 것이 한두 번이 아니었다.

그러나 나는 어려움이 닥칠 때마다 하나님께 기도하며 마음을 강하게 하고 지혜를 구하였다.

7남매를 양육하는 아버지로서 가정 경제를 결코 소홀히 할 수 없었다.

다른 사람들은 놀아도 나는 놀지 않고 일하고 또 일했다.

낡은 작업복을 입고 지게를 졌다.

옷을 한 벌 사면 평생을 입는다는 마음으로 살고, 헌 옷을 즐겨 입었다.

내가 몇 천 년을 산다고 누구를 위하여 이렇게 살까?

금토동 남상인 땅 매입 관련 사건은 나의 일생에서 가장 힘들고 많은 교훈을 주었는데 이 정도로 마치고자 한다.

그 외에도 같은 시기에 여러 사건들이 있었다.

1969년 판교동 박상천 사건, 1972년 평택 평궁리 설경태 사건, 1972년 성남 시흥동 고산골 농지 매매 관련 조동석 사건, 1973년 경기도 이천의 조노성 사건, 1973년 5월 종중 사건 등 크고 작은 사건들이 나를 힘들게 하였다.

늘 비상한 심경으로 살면서 모두 문제가 해결되었으나, 판교동 박상천 사건은 아직도 미결 상태로 남아 있다.

옛말에 '원수는 나를 사랑하는 자'라고 했는데 나에게 적합한 말이다.

이러한 역경의 사건을 겪으며 얻는 교훈은 언제든지 어려움 일이 닥칠 때마다 평상심을 갖고 차분히 하나씩 대응해야 한다는 것이다.

나아가 마음이 약해지면 안 되고 때로는 강하게 대응해야 하되 무리하면 안 되고 늘 상대방의 입장도 고려해야 한다는 것이다.

1974년 금토동 일부의 농지 정리가 절실하였다.

효자묘지 전답도 마찬가지다.

시에서 정리 사업을 시행하였다.

과정에서 이웃 마을 임억인이 설쳐 나는 제대로 정리하지 못하여 토지의 꼭지만 겨우 농로에 닿게 되는 큰 손해를 입었다.

1972년 평택 설경태 사건이다.

1970년에 사촌 형 나해성이 평택 팽성군 평궁리로 이사를 하였다.

이사 과정에서 흥정을 한 사람이 설경태이다.

해성 형이 구입한 농지는 대부분 설경태의 소개로 이루어졌다.

그는 매우 온순하고 착실해 보였다.

그러나 가정 경제는 매우 빈곤하였다.

해성 형의 소개로 나의 평택 농지도 대부분 설경태의 소개로 구입하였다.

나의 도움을 받고 설경태는 생활이 나아지는 듯하였으나 본업인 농사를 게을리 하여 결국 실패하고 말았다.

나는 평궁리에 농사하기 좋은 논을 매입하여 그에게 임대하였다.
모두 28마지기(4천 평)이었다.
임대료는 마지기당 쌀 8말(한 가마)이었다.
당시 한 마지기당 쌀 3가마가 생산되었다.

그가 원하여 농사지을 황소도 한 마리 사주었다.
그런데 2년 동안 백미 48가마를 안 해왔다.
기가 막혔다.
1973년 내가 직접 평택으로 내려가 농지와 소를 몰수하여 원주민 나재홍의 지원을 받아 자경하니 백미 63가마가 생산되었다.
당시로서는 놀라운 소득이었다.

1969년 판교 박상천 사건이다.
낙생면 삼평리 백현리 두 곳에 논 1,500평을 15만원에 샀다.
당시 일손이 부족하고 흉년으로 매우 힘들었다.
돈을 빌려 샀기에 장남 광화의 중학교 학비 내기도 어려웠다.
원탄(지금의 서초구 신원동)에 사는 사촌 처남 이종안에게 7% 이자로 돈을 빌려 학비를 낼 정도였다.
마침 삼평리 이장 김찬호가 금토동 102번지 산을 팔라고 하여 평당 80원에 팔았는데, 팔자마자 서울 외곽순환고속도로 사업으로 산지가 2,500원에 거래되어 많은 손해를 입었다.

나는 가정 경제 성장을 위하여 혁신을 기했다.
이곳저곳에 있던 전답을 청산하고 평택에 9천 평의 전답을 구입하였다.
남은 200만원은 자녀 학비 자동결제를 위하여 낙생농협에 정기예금을 하였다.

박상천은 판교에서 자전거 점포를 하고 있었다.

나는 그에게 자전거 한 대를 샀다.

그는 내가 낙생농협에 적지 않은 돈을 예금한 것을 알고 수작을 벌였다.

자기 아들이 한양대 기계과를 나와 영등포에서 사업을 하는데 자금이 필요하다며 1년 기한 월 리 3.5%로 100만원을 빌리자고 하였다.

나는 학비로 쓰려고 하였다.

월 이자가 35,000원이었는데 그는 5개월 이자를 내고 끊었다.

고민 속에서 3년이 흘렀는데 정부에서 행정지시가 내렸다.

8·2 조치령 고리채 정리다.

원금 1,595,000원에 월리 1.35%로 1년 거치 2년 상환의 증서를 교부하였으나 그는 이자 한 푼 가져오지 않았다.

그의 아들이 10년 만에 10만원을 가지고 와서 선처를 호소하였다.

기가 막혔다.

나는 그의 아들에게 관용을 베풀고 탕감하여 주었다.

모든 것을 하늘의 하나님께 맡기었다.

박상천은 판교를 떠나 삼평동에서 자전거 점포를 운영하다가 세상을 떠났다.

한편 1978년 4월, 나는 시흥동 이발관에서 이발을 했다.

이발비가 400원이었는데, 1979년 9월에는 1,100원을 받았다.

염색 값 포함 700원 하던 이발비가 2,000원으로 올랐다.

미용원도 마찬가지다.

1978년 허가 난 미용실에서는 800원을 받고, 미허가 미용실에서는 600원 내지 700원을 받았으나 1979년 11월 현재 1,500원 내지 2,000원 한다.

반대로 농작물은 어떤가?

1979년에 한 되에 6,000원 하던 마늘 값이 1,000원 내지 1,500원으로 내렸다.

한마디로 농산물은 쌀과 소고기 값만 약간 오르고 채소와 곡식 값은 대부분 내려서 농민들에게 타격이 크다.

금년 추석에도 작년에 300원 하던 청대가 250원 하고, 메주콩 한 말이 작년에 3천 원이었는데 올해는 2,800원으로 내렸다고 한다.

나는 1979년 10월부터 이발을 집에서 하고 이발소에 가지 않고 있다.

1986년 12월 30일, 평택 평궁리로 내려가 1990년까지 농사를 지었다.

하절기에 논에서 풀을 뽑다가 피부병에 걸리면 일을 할 수가 없었다.

농기계를 갖추어 3년 동안 자경을 한 후 광국이에게 인계하여 농촌 근대화의 꿈을 이루었다.

성남 금토동에는 일본에서 번 돈으로 구입한 금토동 331번지 전 1,334평과 해방과 함께 금토동으로 와 어렵게 구입한 금토동 285의 1번지 1,110평이 남아 있었다.

농사에 미숙한 광국에게 맡기고 왔으나, 광국이가 평택으로 오자 금토동 전답을 경작할 수가 없었다.

더구나 내가 3개월 동안 병원 생활을 하니 금토동 농지가 경작을 못하여 산을 방불케 하였다.

눈물이 앞을 가렸다.

어렵게 장만한 전답들이 황무지가 되다니 어찌하겠는가!

비상한 마음으로 하나님께 기도드렸다.

"하나님! 나이 칠십이 넘었습니다. 저에게 힘을 주소서! 건강을 주소서! 지혜를 주소서!"

1993년 6월 1일부터 밭에 난 모든 나무를 캐내고 풀을 깎고 삽과 괭이로 다시 토지를 일구기 시작하였다.

3년 후인 1996년 3월 25일까지 전답을 모두 농사를 지을 수 있도록 성공하였다.

　　황혼 시절에 실로 기적이었다.
　　하나님의 도우심에 감사한다.
　　이때 하나님께서 깨닫게 하신 것이 있다.
　　몸이 아무리 힘들어도 집념을 가지고 하면 반드시 하나님께서 도와주신다는 것이다.
　　삼천리강산을 다 일구지는 못해도 집념을 가지고 최선을 다해 뜻을 펼치면 그 향기가 온 땅에 퍼진다.
　　그 향기 천년 후와 만 년 후까지 날리리라!

　　어젯밤 새벽꿈에 맺은 언약!
　　버들잎 휘날리는 어머님 전에 바칩니다.

고향 금토동을 떠난 후 가족 이야기

한 많은 세월 속에 악몽 같은 사연들이 허공으로 사라지려는 인생의 말년에 무엇으로 허전함을 달래야 하나?

한 번 가면 다시 못 오는 인생이니 지난날이 생생하기만 하다.

배가 고파 울던 시절, 입을 옷이 없어 친구들과 어울리지 못했던 시절이 눈에 선하다.

'어쩌다 나는 이렇게 살아야 했나'를 생각할 때마다 눈물로 배를 채우니 누구를 원망하겠는가!

거친 세파를 헤치며 끔찍했던 시절을 극복하고 가지가지 눈물겨운 사연속에 세월이 가며 황혼의 오늘에 이르러서 음지에 볕이 들어 어느 누구도 부럽지 않은 가정을 이루었다.

이 모든 것이 하나님의 은혜이니 감사한다.

1986년 12월 30일, 고향산천에 드리운 원치 않던 환경을 벗어나기 위해 금토동을 뒤로하고 평택으로 떠났다.

오전 8시였다.

한겨울에 때 아닌 가랑비가 내리고 있었다.

눈물이 북받쳤다. 발걸음이 잘 떨어지지 않았다.

하늘에서 내리는 구슬비는 내 눈물을 보태듯 가는 길을 적셨다.

66세의 나이에 고향을 뒤로하고 타향으로 떠나니 웬 말인가!

저절로 시가 가슴에서 흐른다.

고향 생각

바람 불어와도 생각나고
낙엽 떨어져도 생각난다
사랑이 머물던 자리
사연이 머물던 자리
지금은 허공에 사라지고
추억으로 남아
다시없을 그 시절이 그립구나

계절 바뀌어도 생각나고
서리 내리어도 생각난다
설움이 머물던 자리
배고픔이 머물던 자리
엄마에게 밥투정하니
부잣집에 태어나지
왜 나한테 태어났냐 하셨으니
생각하면 눈물이 난다

가을 오면 생각나고
단풍 보면 생각난다
고생이 머물던 자리
눈물이 머물던 자리

추 억

인생은 요지경 부모덕을 힘입어
잘살고 못사는 타고난 운명
내라 어찌 가난의 운명인가

울어 봐도 소용없는 기구한 운명

부자 자식이라는 위세
가난뱅이 자식들 학대하고
업신여기니 아니꼬운데
동족의 권리 상실했구나

양반 제도 노예 제도 망국 정치로
외세에 먹혀 식민생활 36년
일제의 압제 대항하여 나선 구국 투사들
해외 나가 구국 일념 독립 외쳤네

하나님 도우사 광복 해방 맞아
흐느끼는 기쁨에 민족의 물결
오백 년 이씨 왕조 시대가 가고
자유민주주의 대한민국 세웠네

후손대대 길이길이 역사에 남아
경제가 번영하고 문화 창달하여
땅 끝까지 복음 전하니
하나님 역사하여 복을 주시네

금토리는 청계산 동남쪽에 있다.

원래 경기도 광주군 대왕면 금토리이며, 외동, 내동, 금현동으로 구분되어 있었으나, 현재는 4개의 동이 있다.

18세기까지는 내동의 안동 권 씨가 마을을 위하여 힘을 썼고, 파평 윤 씨, 남원 윤 씨, 나주 나 씨, 나주 임 씨 등이 살아왔다.

1970년경, 박정희 대통령이 서울 청계천 중심 판자촌 빈민들을 남한산성 아래 광주군 중부면, 서부면, 남천면 등 일대에 이주시켜 광주대단지라고 하다가 성남이라 명명하였고, 1973년 광주군에서 분리되어 성남시가 되었다.

처음에는 빈민촌이었으나 1980년 초, 분당이 개발되면서 급격히 경제가 성장하며 1990년대에는 전국에서 재정이 튼튼한 시 중 하나로 성장하였다.

현재는 인구가 100만 명에 이르고 있다.

금토동에 거주하던 나 씨들도 몇 집 남지 않고 서울 등 곳곳으로 이사하였다.

가족 이야기

부모가 여러 자녀를 위하여 온갖 노력과 정성을 다해 양육하고 결혼시켜 집을 마련해 주는 등 온 힘을 기울여 잘살도록 도와주는 사이에 세월은 가며 황혼에 접어든다.

이제 몸의 기능이 쇠하여 일하지 못하니 하늘나라에 소망을 두며 살아간다.

언제 죽을지 모르지만 내가 일군 전답들이 묵으면 보기가 싫다.

그러니 끊임없이 전답의 풀을 뽑고 곡식을 심어 자녀들의 생활에 도움이 되길 바란다.

힘이 들어도 열심히 하지만 기력이 금세 한계에 달하게 된다.

무릎 관절염으로 5년을 병원에 다니지만 낫지를 않는다.

1994년 6월 13일, 장남 광화의 도움으로 중앙병원에 세 번을 갔다.

네 번째 갔을 때였다.

진료 후 광화가 병원 접수처에서 10만원권 자기앞수표를 냈다.

약을 타가지고 와서 접수처 직원에게 거스름돈을 달라고 하니 3만원을 거슬러 주었다.

광화가 "아버지! 더 이상 병원에 오지 않겠습니다. 예수님을 잘 믿으면 나을 것입니다."라고 말했다.

나는 이 말이 너무 서글프고 잊히질 않는다.

이때 광화는 모란에서 이름 없는 작은 교회를 개척하여 목회하고 있었다.

나는 이 말을 듣고 미안하여 교회에 나갔다.
그리고 모란에 있는 약국에서 약을 사 먹었다.

1995년 10월 27일, 막내 광동이 결혼식을 마쳤다.
나의 임무를 다했다는 마음으로 조용히 여생을 보내야겠다는 생각을 하였으나 뜻대로 되지 않았다.
나는 그동안 호의호식 한 번 못해보고 열심히 살면서 전답을 마련했다.
성남 금토동에 2,300여 평, 평택 평궁리에 11,000여 평이다.
평택에 힘을 쏟는 4년 동안 성남 전답이 완전히 황무지 같았다.

1994년 6월 16일 평택 모내기를 마치고 금토동으로 왔다.
황혼의 나이에 힘들었지만 마지막 힘을 다하여 황폐한 땅을 일구기 시작하였는데, 하나님께 기도하며 최선을 다하였다.
가시나무·버드나무·오리나무 등 수많은 나무를 베어내고 전답을 다시 일구는 것이 결코 쉬운 일이 아니었으나 하나님이 힘을 주셨다.
곡식과 채소를 심어 잘되었으나 아직도 농지의 반이 남았다.
광화가 도와주면 좋은데 관심이 없다.
내가 늙으면 자식들이 할 줄 알았는데 생각과 다르다.
내가 세상에 없으면 전답이 황폐할 것을 생각하면 마음이 미어진다.

아픈 가슴을 참고 일을 하다 보면 허리가 끊어지는 것 같다.
걸음 걷기도 싫어지고, 어깨도 결리니 어쩔 수 없이 병원에 가야 한다.
장남 광화가 "아버님! 밭에서 일해야 약값도 안 돼요."라고 말한다.
앞으로는 병원에 모시고 가지 않는다고 한다.

그럴 때면 눈물이 앞을 가린다.
그의 야속한 말 한마디가 가슴에 새겨진다.
이젠 몸이 아파도 아프다고 말도 할 수 없으니 슬픈 눈물이 맺힌다.

'7남매를 위하여 만고풍상(萬古風霜)을 이겨내며 여기까지 왔거늘 자식들이 아버지를 이렇게 대할 수가 있나' 하고 잊을 수가 없다.

아무리 자신들의 할 일이 있다고 해도 아버지를 생각한다면 땅을 일구는 아버지를 거드는 것이 자식의 도리거늘, 돕지 않고 오히려 불손한 태도를 보이니 큰 문제라 할 것이다.

앞으로 이 땅에서 얼마나 살 수 있을까?
몸은 기력을 잃어 가는데 삶의 터전이던 전답은 황무지가 되니 어이할꼬?
이에 아픈 마음을 시로 읊는다.

세월은 변해도 먹지 않고 살 수 없네
부모가 장만한 땅 묵히면 안 되네
하늘이 주는 음식 땅에서 생겨나니
놀지 말고 땅을 일구어 부모 은공 갚아보세
평택도 풀로 덮여 성남 평택 오르내리니
풀 뽑기 인생살이 언제나 끝나려나

1995년 6월 27일, 7남매의 마지막 광동이 약혼식이 있었다.
기다리던 자부를 보는 기쁨은 감회가 깊었다.
나의 임무가 끝나간다는 마음과 함께 분당 만다린 회관에서 신부 집이 준비한 음식을 먹고 사돈이 될 분들과 의미 있는 대화를 나누었다.

회식 후 광국이 내외와 평택으로 향했다.
차를 타고 내려가는 동안 그동안 아팠던 몸이 모두 낫는 기분이었다.
무릎 관절염이며 가슴 저림, 어깨 결림 등이 싹 사라지는 느낌이었다.
마지막 새로운 자부를 맞는 마음의 어떤 심경의 조화 때문이리라!
그런 자부와 사돈댁에 감사했다.

이렇게 나의 주어진 임무가 정리되어 가는 과정에서 허전함을 느끼는 것은 황혼의 나이에 성남 평택을 오르내리며 힘든 농사를 짓지만 자식들은 하지 말라는 농사 일, 한마디로 자식들이 하지 말라는 일을 하니, 저들이 고마워하지 않는 것이었다.

1995년 4월 11일 오후, 광국이 성남으로 왔다.

금토동의 땅을 경작하기 힘드니 평택의 트랙터를 가지고 와 도와달라고 하자 광국이가 말했다.

"힘든 일을 하지 마세요. 아버님 신수가 말이 아니네요."

그러자 옆에 있던 큰 자부가 말했다.

"금토동에 계시면 일을 많이 하시니 평택으로 모시고 가서서 편히 모시세요."

다시 광국이가 말했다.

"형수님! 무슨 말을 그렇게 하세요?"

서로 다툼이 벌어졌다.

결국은 나 때문에 벌어진 일이다.

"내가 하루바삐 없어지면 싸우지 않을 것 아니냐?"고 하며 자리를 떴다.

마음이 슬프고 허전했지만 참아야지 어찌하겠는가!

예나 지금이나 오로지 가정이 잘되도록 자식들을 위하여 집념을 가지고 사명을 다할 뿐이다.

1995년 4월, 광동이가 외국어 학원을 설립하였다.

비용이 7,000만원 들었다.

1986년 평택 평궁리에 대지 400평에 세워진 주택을 1,700만원에 구입하였다.

광국이가 재건축한다고 하여 2,000만원을 지원하였다.

80을 바라보는 황혼의 나이이지만 가정 경제를 책임진 아버지로서 최선을 다하자는 마음뿐이다.

나아가 내가 장만하여 한평생을 가꾸어 온 농지를 절대 묵힐 수 없어서 힘은 들지만 쉬지 않고 일하며 지내며 보람과 기쁨을 누린다.

이 모든 것이 천국에 계신 부모님들의 기도와 하나님의 긍휼하심 덕분이리라 생각하며 감사의 눈물을 흘린다.

내가 살아 있는 한 결코 농지를 놀리지 않을 것이라 늘 다짐한다.

땀에 젖어 눈물에 젖어 피에 젖어 일하던 한 많은 그 시절을 거울삼아 더 열심히 일하여 자식들의 본이 되어야 할 것이다.

어찌 늙었다고 생명 같은 귀한 시간을 허비할 것인가!

천국에 계신 아버지, 어머니! 기뻐해 주소서!

후손들을 위하여 기도해 주소서!

1995년 6월 15일, 내가 평택으로 내려가는데 큰 자부가 "아버님! 잘 내려가세요."라고 인사하였다.

마음이 편치 못했다.

이 경우 시부모님께 드리는 인사는 "안녕히 가세요."라고 하는 것이 좋다.

6월이면 낮에는 덥다.

따라서 새벽 5시에 들에 나가 일하고 조식을 하러 오전 8시에 집으로 온다.

그러면 학교에 가는 자부, 영길이, 성길이와 마주친다.

'힘들고 시장하신데 이제 오시느냐'는 말 한마디 없이 지나간다.

어찌 이렇게 예의가 없을까?

가정에서 버리는 음식물 찌꺼기는 통상 밭에 가지고 가서 땅에 묻는다.

거름이 되기 때문이다.

통상 내가 밭에 가지고 가서 버린다.

그런데 평택에 갔다가 2주 만에 오면 쓰레기가 몇 봉지가 밀려 있다.

성길이에게 갖다 버리라고 하면 300원을 달라고 한다.

이런 때는 마음이 허전하다.

애꿎은 처에게 푸념하면 아예 말을 안 하는 것이 낫다.

누가 힘든 일을 하라고 했느냐고 야단이다.

내가 고생을 자처하고 있다고 한다.

가족 중에 누구 하나 농사에 최선을 나의 마음을 알아주지 않으니 너무 마음이 아프다.

그러나 나는 집념의 사나이다.

열심히 일하면 건강해진다.

가끔은 쓸데없는 생각도 한다.

"나의 나이가 50세라면 트랙터를 이용하여 마음껏 농사지을 텐데…"

젊은 날의 꿈은 이루었지만 80세가 다가오는데 이렇게 힘들 줄은 생각도 안 했다.

그러나 천국에 계신 부모님께 약속드린다.

나의 목숨이 붙어 있는 한 자손들을 위하여 더욱 열심히 일하리라고….

세월이 가며 더불어 한 시대가 갔다.

가정 경제의 성장과 함께 자녀들의 교육과 결혼까지 엄청난 변화가 있었다.

나의 청년 시절에는 결혼해도 신부를 데려오기가 어려웠다.

신부를 데려온다 해도 국민(초등)학교 출신은 매우 드물었다.

그러나 큰 자부가 인천교육대학 출신, 둘째 자부가 고등학교 출신, 셋째 자부가 동국대학교 출신이다.

큰 사위가 방송통신대학교 출신, 둘째 사위가 장로회신학교 출신, 셋째 사위가 신구대학 출신, 넷째 사위가 연암대학 출신이다.

장남 광화는 해군사관학교를 나와 군에서 20년 근무하고, 선교신학교를 나와 목회를 하고 있다.

둘째 광국이는 낙생고를 졸업하였고, 셋째 광동이는 강원대학교 대학원에서 석사학위를 받았으며, 큰 딸 광란이는 효성고, 둘째 딸 영란이는 수원간호대학, 셋째 인란이는 숭신여고, 넷째 경순이는 수원 장안대학교를 졸업했다.

장남 광화는 남달리 공부를 열심히 하여 효성고 재학 시절에 1학년에서 3학년으로 월반하여 주위 사람들을 놀라게 하였다.

한 번은 마당에 멍석을 널어 베를 말리고 밭에 나갔다.

갑자기 비가 오기에 광화가 알아서 멍석을 덮으리라 믿었으나, 공부에 미쳐서 나와 보지도 않아 멍석에 널어놓은 벼들이 다 젖었다.

열심히 공부하는 것은 좋으나 운동도 열심히 하여 몸이 튼튼해야 한다고 수시로 타일렀으나 잘 듣지 않았다.

1972년 1월, 광화는 해군사관학교 입학시험에 합격하였다.

21대 1의 경쟁에서 합격하였으니 하나님의 은혜요, 집안에는 자랑이었다.

이웃에서도 칭찬이 자자하였다. 감사한 일이다.

이때는 7남매 교육 시기여서 교육비가 모자라 산 3,300평을 팔았다.

1976년 3월, 광화가 해사를 졸업했다.

대위로 진급하여 지금의 자부와 결혼했다.

평택 논 1,200평을 팔아 진해에 1,300만원 상당하는 집을 사주었다.

논을 팔아도 6남매 학자금이 부족하였다.

이를 알게 된 광화가 매월 30만원을 송금하여 남의 돈을 빌리지 않을 수 있었다.

그 후 광화는 동해 1함대에서 고속정 정장으로 서해 2함대에서 우도 기지장으로 해군 작전사에서 소해 함장(삼척함)으로 근무하였다.

결혼한 지 3년 만에 큰 손주 영길이를 낳았는데 자부가 교사로 근무하니 외할머니가 키우셨다.

1986년 12월 30일, 광화는 인천 2함대로 발령을 받았다.

진해의 집을 그냥 두라고 했으나 말을 듣지 않고 1,600만원에 팔고, 월미도 부근 아파트에 전세를 들었다.

나는 평택으로 이사를 하려고 금토동 재산을 모두 정리하려고 하였으나 '아버지가 태어난 고향이요, 우리 7남매가 자란 고향'이라며 광화가 말려서 금토동에 주택을 재건축하였다.

건축비가 6,300만원이었고, 큰 사위 이영성이 맡아 건축하였다.

집을 지으며 아내가 평택에서 올라와 음식을 만들어 주었다.

나와 아내가 잠시 떨어져 지낸 와중에 아내가 협심증 증세를 보였다.

아내는 지금까지 8년째 인하병원에서 진료를 받고 있다.

내가 평택으로 이사를 결정한 것은 처가와 셋째 성윤 형네 사이에 다툼이 심하였기 때문이었다.

아내는 독실한 기독교 신자로서 교회 봉사를 잘하였다.

평택 평궁교회에서 부녀회장을 하고 상장도 받았다.

당시 금토교회는 목사파와 장로파로 나뉘어 싸움이 심했다.

아내의 오빠인 이종근 장로가 목사를 몰아내고 목사파 신자들과 대립하였는데, 이 과정에서 아내는 오빠 편을 들지 않고 목사 편을 들었던 모양이다.

처가 가족들이 아내에게 욕설을 퍼부었다.

친정어머니도 하나밖에 없는 딸을 미워하였다.

보통 일이 아니었다.

교회 분란이 5년간 지속되었다.

나와 결혼 당시 가까이 살며 자주 찾아뵙겠다던 다짐이 무너지고 관계가 소원해진 지 5년. 그래도 장모님 생신이면 잊지 않고 고기를 사 들고 찾아뵈었다.

지금 생각하면 잘했다는 마음이다.

고향 금토동으로의 귀향과 기쁨
(제주 여행과 결혼 50주년 기념식)

　자식들이 힘들게 묵은 땅을 파지 말라고 장려하는 상황에서 고향 금토동을 떠난 지 7년 만에 돌아오니 기름졌던 농지에는 나무들이 자라고 있었다.

　충격적이었지만 어찌하겠는가!

　내가 세상에 사는 동안은 농지를 절대 묵힐 수 없다.

　남은 생애를 바쳐서라도 다시 기름진 땅으로 바꾸리라!

　"나의 하나님! 내게 힘과 지혜를 다시 주소서!"

　나는 간절히 기도하며 다시 농사에 나섰다.

　1993년 6월 1일, 1,110평의 황무지를 다시 경작하기 시작하였다.

　드디어 1996년 3월 22일 황무지를 기름진 땅으로 만들었다.

　이 과정에서 몸이 고달파서 병원에 갔던 적이 한두 번이 아니다.

　1995년 8월 1일 일하는데 허리가 아파 간신히 집으로 와서 병원에 가자고 했는데, 영길 아범이 하지 말라는 일을 했다며 병원 약값도 안 된다며 투정하였다.

　큰 자부는 '오늘이나 병원에 모시고 가지 앞으로 농사짓다 다치면 병원에 모시고 가지 않는다고 영길 아범이 말했다'며 마음을 아프게 하였다.

그런 이야기를 들으니 눈물이 앞을 가렸고, 너무나 슬펐다.

내가 살아서도 자식들이 농지를 황무지로 만들고 관리하지 않는데 내가 세상을 뜨면 어떻게 될까를 생각하니 기가 막혔다.

1993년 6월 10일, 평택에서 78kg이던 체중이 1996년 3월 22일 금토동에서 68kg이었다.

그러나 황무지를 기름진 땅으로 만들기 위하여 온 힘을 기울였다.

그러나 영길 아범이나 자부나 누구도 밭에 나와 보는 일이 없었다.

결혼하여 분당 장미아파트에 사는 광동이가 몇 번 얼굴을 비쳤을 뿐이다.

야속하고도 허전한 심정이었다.

남은 인생을 어떻게 살아야 하나를 생각하면 눈물이 하염없이 흘렀다.

1996년 3월 4일, 축농증으로 분당 차병원을 다녔다.

이비인후과 의사가 폐가 좋지 않다고 하여 폐렴 약을 계속 복용하였다.

같은 해 7월 13일, 차병원 내과에 가서 진료를 받았다.

의사가 심장이 좋지 않다고 하였다.

진료비가 13만원이었는데 영길 아범이 진료비가 많이 나왔다며 부담스러워하였다.

영길 아범은 모란에서 목회하고 있으니 전적으로 농사를 돕는 것도 무리인 것을 모르지 않지만 부모가 아무리 자식들에게 잘해주어도 자식들은 부모 섬기기를 부담스러워하니 어찌해야 하는가!

효자묘지 밭은 원래 논이었다.

당연히 비만 오면 밭에 물이 고여 곡식이 물에 잠겨 풀이 잘 자라고 김매기가 힘들다.

초복이 되면 새벽 5시에 일어나 9시까지 일한다.

낮에는 더워 오후 3시에 나가 밤 8시까지 일한다.

자식들도 아버지가 힘들게 일하는 것을 잘 안다.

그러나 3년 동안 일궈놓은 밭을 관리하지 않을 수 없다.

소독기, 소독약, 각종 씨앗, 비료 등 비용이 15만원이다.

어찌하겠나!

내가 농사비용을 다 부담할 수밖에 없다.

회고록을 쓰는 요즘은 강낭콩, 옥수수, 파 등을 추수하고 있다.

막내 광동이와 자부가 강낭콩과 옥수수를 좋아하여 자주 농장에 들르고, 종종 병원에도 차로 데려다주니 고맙고 보람을 느낀다.

옛말에 '열두 마리 새끼 가진 암소가 길마 벗을 날이 없다'고 하였다.

7남매를 가진 나 역시 죽기까지 쉴 새가 없다.

자식들이 너무나 무심하다.

부모에게 효도한다면 온 힘을 들여 농사를 짓는데 와서 돕는 것이 도리인데 와 보지도 않고, 부모를 매우 위하는 것처럼 '힘드니 쉬라고'만 하니 어찌하는가?

때로는 옷이 땀으로 배어 물같이 흐르고 코에서 피가 흐를 때마다 하염없이 흐르는 눈물은 무엇을 의미하는가?

황혼의 나이에 지난 시절의 무사무시했던 가난을 생각할 때면 가슴이 시리다.

자식들은 부모의 이러한 과거의 고통을 모른 채 자랐다.

부모의 덕으로 배고픔을 모르고 자라며 고등 교육을 받았다.

김을 매며 모든 전답을 일구며 일하는 부모를 돕지 않고 공부에만 전념하였다.

이처럼 한 시대에 부모와 자녀의 차이가 엄청나다.

나는 일본, 만주, 압록강, 청진 등을 다니며 20대의 젊은 나이에 돈 벌기 위하여 힘썼다.

1945년 8월 15일 해방과 함께 고향 금토동으로 와서 5년간 농지를 일구어 땅을 사니 효자묘지 밭 1,334평이었다.

당시는 막연하기만 했다.

농사를 지을 줄 모르고, 돈도 없고 먹을 것조차 없었다.

마을과 집안에서는 비웃었다.

기가 막혔다.

누구도 품앗이하려고 하지 않았다.

형들도 '너는 망했다'고 하였다.

계속해서 강조하는데 그때를 생각하면 소름이 돋는다.

지금의 열매는 모두 하나님의 도우심으로 기적이다.

어려움을 극복하고 역전을 거듭하며 오늘에 이르기까지 힘겨운 노력이 헛되지 않았으니 모든 것이 하나님의 도움이다.

하나님께서 나에게 주신 처음의 땅이 효자묘지 밭이다.

그러기에 효자묘지 밭은 내게 큰 의미가 있다.

'내가 이 땅에 사는 한 효자묘지 밭을 묵히지 않고 관리하리라' 굳게 결심한다.

농촌 금토동에서 태어나 흙으로 돌아갈 때까지 흙을 파다가 7남매를 위하여 온몸을 불사르고 하나님께 번제물로 드려지리라!

이것이 인생이로다.

제주 여행

이 여행이 처음이자 마지막일까?

장남 광화의 주선으로 내 일생에 처음으로 3박 4일 부부동반 여행을 가니 감개가 무량했다.

여비는 1인당 28만원이다.

별도의 여비로 나는 36만원, 아내는 20만원을 받았다.

효도 관광이다.

둘째 광국이가 5만원, 셋째 광동이가 나와 아내에게 각각 5만원씩 주었다.

둘째 형수와 그의 여동생도 동행하였다.

기쁘고 즐거운 여행이었다.

오전 11시, 4명이 광화의 차를 타고 김포공항에 도착하였다.

점심으로 갈비탕을 먹고, 5명의 식사비 2만 5천원을 내가 냈다.

오후 2시 30분, 여객기에 탔다.

처음 타보는 비행기 여행이었다.

지상을 떠서 하늘을 나는 기분은 정말 좋았다.

오후 3시 30분, 제주 공항에 내렸다.

여행사 안내원의 안내로 제주 유나이티드 호텔에 도착하였다.

우리 부부는 208호실, 형수 자매는 207호실이었다.

호텔이지만 형편없었다.

잠자리도 불편하고 더웠다.

에어컨을 틀었더니 왈가닥 소리가 나서 끄고 문을 열어 놓았다.

모기가 들어와 잠을 잘 수가 없어서 일어나 불을 켜고 모기를 잡았다.

벽이 핏자국으로 얼룩졌다.

조식은 오전 8시, 석식은 오후 7시에 하였는데 밥이 적은 편이었으나 반찬은 보통이었다.

아침 식사 후 9시에 첫 번째로 버스를 타고 용두산을 구경하였다.

바다 옆에 있는 큰 바위였다.

아내가 500원씩 주고 귤을 10개를 샀는데, 비쌌다.

사진을 찍으려고 사진사를 찾았으나 사진사가 보이지 않았다.

각자가 사진기를 가지고 다니며 사진을 찍는 것 같았다.

아내가 1회용 카메라를 사자고 하여 한 번 쓰고 버리는데 왜 사느냐고 거절하자 죽으면 그만인데 돈 두었다가 무엇 하느냐고 꾸지람을 들었다.

그러자 형수 동생이 1회용 카메라를 샀다.

오전 10시, 두 번째로 제주 조각 전시관을 구경하였다.

그림엽서 한 장에 200원씩 5장을 샀다.

세 번째로 입장료 8천원을 내고 고대 예술을 구경하였다.

곧이어 2인당 4천원을 내고 백마를 탔다.

오후 1시, 점심 식사 후 네 번째로 신선초 농장을 구경하였다.

만병통치라고 하는 신선초 분제 1통에 3만원씩 3통을 샀다.

다섯 번째로 제주 폭포를 구경하였다.

아이스크림을 3개를 1,500원 주고 사서 형수하고 세 사람이 먹었다.

쥐포 10개를 5천원에 사서 오후 6시에 호텔에 도착하였다.

구경한 소감은 제주 폭포 주변의 나무들이 매우 인상적이었다.

첫 날은 제주 동편을 여행하고, 둘째 날은 서편을 여행할 예정이었다.

제주도에는 황무지가 많다고 느꼈다.

그리고 제주도에는 정기노선버스가 없고 대부분 관광버스였으며, 곳곳에 호텔들이 많았다.

호텔 직원이나 버스 안내원들은 모두 친절하였다.

제주도 사투리가 인상적이었다.

결혼한 남자를 '왕바리', 결혼 못한 여자를 '비바리', 나이 많은 할아버지를 '하르방'이라고 하였다.

8월 29일 오전 ○시 30분, 버스로 매점에 들렸다.

목 접시 6개를 6만원에 샀다.

아내도 딸들에게 선물한다며 목 접시 4개를 샀다.

두 번째 구경은 화산 분화구였다.

지금은 깊이가 200리에 둥근 방석 모양으로 신비한 나무들이 무성하였고, 바닥에는 풀만 무성하였다.

안내양이 비가 와도 물이 안 괴고 눈이 많이 와도 곧 녹는다고 설명하였다.

세 번째로 승마장에 갔다.

아내와 둘이 2만원에 10분을 탔다.

기념으로 컴퓨터 사진을 2만 5천원 주고 찍었다.

중식에는 좁쌀 막걸리 1병을 5천원 주고 사 먹었다.

오후에는 네 번째로 민속촌을 구경하였다.

신선초 농장이었다.

어제보다 싼 신선초 분제를 2만 7천원을 주고 샀다.

다섯 번째로 유람선을 타러 바닷가로 갔다.

1인당 5천원씩 30분을 탔다.

비바람이 심하여 멀미 증상이 있었다.

농산물 시장에 가서 아내가 15,000원짜리 귤 3상자를 샀다.

제주 박물관을 구경하고 숙소로 돌아왔다.

8월 30일 오후 1시 30분, 서울행 여객기에 올랐다.

오후 2시 30분, 김포공항에 도착하였다.

오후 2시경, 광화가 김포공항으로 마중을 나왔다. 고마웠다.

광화 차로 4명이 타고 공항 부근 식당으로 가서 소머리 곰탕을 먹었다.

이렇게 의미 있는 제주 여행을 마쳤다.

역사에 없는 제주 여행!
장남 광화 내외의 주선으로 잘 마치니 고맙다.
장남 내외의 몫을 해냈으니 효자요, 효부다.
광국이 내외, 광동이 내외가 다 같이 환영하고 협조하였으니 그 고마움이 눈시울을 덮는다.

참으로 가정사에 없던 효도 관광이었다.
다시없는 우리 내외의 행복이었다.
삼 형제 내외의 정성이 가정사에 길이 남으리라!

결혼 50주년 기념식

계절의 여왕이라고 하는 화창한 봄 5월이다.
큰 자부 김정선의 주선으로 7남매 가족들의 협조로 우리 부부 결혼 50주년 기념식이 성대히 거행되었다.
전에 없었던 행사였기에 조상님들께 송구한 마음도 들고 눈시울도 뜨거웠다.
참으로 감개가 무량한 하루였다.

75세를 계기로 이렇게 뜻 깊은 행사들이 나에게 주어짐은 인생에서 보기 드문 다시없는 행복이요, 자녀들의 효성이라 고마울 따름이다.
'초년고생은 은을 주고 산다'는 속담이 있다.
그때 그 시절 추억을 떠올리며 오늘을 생각하니 눈물이 앞을 가린다.
청진경찰서에서 환두에 권총을 차고 구두를 신던 몸이 8·15 해방과 함께 고향으로 돌아와 형제와 이웃들의 빈축을 사면서 모진 고생을 하면서 세상을 뜰 생각까지 했다.

그렇지만 '이왕지사 한 번 태어난 인생을 이대로 죽을 수는 없다'면서 고생을 참고 견디며 오늘에 이르고, 자녀들의 효성에 힘입어 이 귀한 행사를 치르니 기쁨의 눈물이 흐른다.

이제 늦게나마 영광의 행복을 누리는 이때 무엇을 더 바라겠는가!
비록 한 많은 세상에서 험한 가시밭을 걸었다고 하나 인생 말기에 와서 가정 경제가 안정되고 남에게 부끄러울 것이 없는 지금에 이르렀으니 모든 것이 나의 피나는 노력과 집념(執念)을 인정하신 구세주 하나님의 긍휼하심이 아닐까?
부잣집에 태어나지 왜 나에게서 태어났느냐고 하시던 어머니의 기도가 뜻을 이루었기에 감사를 드린다.

어머님! 천국에서 기뻐하소서!
오늘의 이 화려한 행사를 기뻐하소서!
하나님! 감사합니다.

나는 가정 중흥(中興)의 사명(使命)을 띠고 이 땅에 태어났다.
역사적 사명을 다하고 임무를 수행하여 천추의 한이 맺힌 어머니의 뜻을 받들어 온갖 노력과 집념을 게을리 하지 않았기에 오늘의 이 보람된 영화를 누리는 것이리라!

춥고 헐벗었던 어린 시절!
집안에서 소외당하고 이웃에서 놀림 받던 시절을 생각하면 치가 떨리고 마음이 메어진다.
그러나 '언젠가는 나도 잘살리라'는 일념으로 최선을 다한바 오늘에 이르렀고, 이제 비록 황혼 인생이나마 집안에서 가장 모범적인 가정이 되었으니 어린 시절의 꿈이 성취되었다 하리라!

끝으로 숙제가 남아 있다.

청년 시절 마련한 전답이 관리부실로 황무지가 되어 있다.

세월이 바뀌어 자식들이 농사를 짓지 못하니 어찌하랴!

내가 살아 있는 동안은 묵혀서는 안 된다.

1993년 6월 1일부터 다시 관리를 시작하여 콩 다섯 말, 참깨 한 말, 들깨 다섯 말을 거두었다.

이듬해 콩 일곱 말, 팥 두 말을 거두고, 파 등 채소를 가꾸었다.

콩으로 메주를 쑤고 청국장을 만들어 자녀들에게 나누어 주었다.

3년째는 전답이 잘 관리되었다.

콩 세 가마, 옥수수, 강낭콩, 고구마, 토란, 고추(25관) 등 곡식을 많이 수확하였다.

평택에서 78kg 나가던 체중이 70kg으로 줄었으나 아직은 건강한 편이다.

그런데 1996년 3월 6일부터 한 달에 한 번씩 차병원을 다니며 진료를 받고 있다.

자녀들은 이제 연로하시니 쉬라고 한다.

그러나 어찌 농지를 황무지로 묵힐 수 있는가?

생명이 있는 한 건강이 허락하는 한 농지 관리를 잘해야 하리라!

천국에 계신 어머님께서 내가 건강하여 끝까지 하나님이 주신 땅을 잘 관리하도록 기도해 주시길 앙망하며 삽과 괭이로 땅을 판다.

그러나 자식들은 나타나지도 않는다.

시대가 변했으니 어찌하겠는가!

한편 매일 농장에 나가 일을 하니 건강에 도움이 된다.

이렇게 하여 올해는 곡식 수확을 가장 많이 하였고, 자녀들에게 다 나누어 주었으니 보람을 느낀다.

오늘도 숙제를 잘하고 있으니 기쁘다.

숙제라고 하는 것은 내가 세상에 있는 동안은 모든 농지를 옥토로 가꾸겠지만 내가 세상에 없으면 어찌 되겠는가!

그래서 숙제다.

내가 농촌의 가난한 집에서 태어나 오직 가정 경제의 성장을 위하여 일생을 산 나머지 무명의 농사꾼으로 남았다.

그러나 일념으로 목적을 이루었으니 생명의 본분을 다했다.

만일 내가 이 세상에 없었다면, 일본에서 돌아오지 않았다면, 청진에서 세상을 떠났다면, 지금은 어떨까를 생각하면 아득한 감정뿐이다.

이에 결혼 50주년 기념식을 생각하며 시로 남긴다.

대장부 언약

삼천리강산에 대장부라면
살았을 때 공로를 세워야지요
죽어서는 향기가 날려요
이름은 천년 후와 만 년 후까지
어젯밤 새벽꿈에 맺은 언약은
버들잎 휘날리는 어머님 전에
편지 쓰는 이 자식 가슴 아래는
나라에 충성 부모에 효성

제6막

羅州 羅 氏 반계공파
성남 금토동 역사

- 나주 나 씨 대동보 제8권 참조 (1956년 판)

- 나주 나 씨 대동보 제5권 참조 (1982년 판)

나주 나 씨 금토동 역사

금토동 나주 나 씨 종중에 대하여 전해지는 사료는 위 나주 나 씨 대동보 제8권이다.

위 대동보에 의하면, 이조 숙종 때에 18대 윤관께서 나주에서 오셔서 금토동에 거주하셨을 것으로 추정된다.

그러나 윤관 묘소가 나주 금강사(金剛祠)에 존재하여 정확한 것은 아니다.

그러나 이조 영조(재위:1724-1756) 때에 19대 무천(武天~字:武勇)께서는 묘소가 대왕면 등자리에 족보상 존재하므로 무천 할아버지부터 금토동에 거주하여 현재에 이른 것이 확실하다.

나는 광주군 대왕면 금토리에서 출생하였다.

집안의 도움 없이 부친의 허술한 생활방식에서 6남매(재준 · 재철 · 성윤 · 재명 · 재금 · 재순)가 배우지도 못하고 빈곤한 상태에서 말할 수 없는 고난을 겪었다.

나의 증조부는 나주 나 씨 22대손 봉한(기봉)이다.

그에게는 형인 수한(기수)이 있었고, 나는 나주 나 씨 25대손으로 조부는 왕집(旺集:성오), 부는 춘삼(春三:수춘)이시다.

금토동 계보를 아래에 올린다.

당시 생활수준은 큰 조부 기수가 동생 조부 기봉보다 월등히 나았다.

아버지가 살아계실 때까지도 형편이 좋았으나 형제간이나 사촌지간에 서로 돕지를 못하고 인색하였다.

그 예로 내가 열 살 때이었다.

이웃에 안기연이란 사람이 살았다.

우리는 안 씨에게 좁쌀을 꾸었는데 갚지를 못했다.

안 씨는 폭력배를 동원하여 가을이면 곡식이라는 곡식은 모두 가지고 갔다.

당숙인 나영조네는 알고도 모른 체 하였다.

영조의 자로 8촌인 재식이 있었다.

나의 큰 형인 재준이 노름하다 잃어 재식에게 돈을 꾸었다.

그는 꾸어간 돈을 갚지 않는다고 찾아와 벼 탈곡기를 가져갔다.

이렇게 친척 간 협조는커녕 자기만 잘살려고 발버둥 치던 어린 시절이었다.

이러한 어린 시절의 형편을 보아온 나는 굳은 결심으로 눈물을 흘리며 정성의 노력을 하여 오늘에는 그들의 생활수준을 능가하였다.

어린 시절의 한(恨)을 푼 것이다.

남들보다 자녀들의 교육에 힘을 쏟아, 7남매가 대학과 고등학교를 모두 졸업하였다.

장남 광화는 해군 소령으로 국방정보본부에서 용산 한미연합사에 파견 근무 중이니 마음 든든하다.

경제적으로도 부족한 것이 없다.

이 모든 것이 하나님의 은혜이다.

이렇게 어려운 가정에 태어나 권 씨나 윤 씨는 족보가 있는데 우리 집안은 족보는커녕 묘지조차 누구의 산소인지도 모르고 선조들 이름조차 모르니 늘 마음이 아팠다.

나는 '우리 집안도 위패와 족보를 가져야겠다'는 결심을 하였다.

1948년 10월 30일, 사촌형 명석의 도움을 얻어 종중사업을 하였다.

기초사업으로 한 집에 쌀 한 말을 걷기로 하여 백미 10가마를 거두었다.

당시는 한국전쟁 전이라 5푼 장례로 쌀을 잘 가져가 운영이 잘되었다.

7월 30일을 조상 묘 벌초 날로, 10월 30일을 종중 정기회로 정하여 잔치하였다.

나주 금호사와 연락하여 자비로 한국전쟁 후 3차에 걸쳐서 방문, 나주 나 씨 반계공파로 임술보를 발급받았으며, 족보를 출판하여 종중의 면모를 갖추었다.

그동안 종중 사업은 쌀 100가마를 이루었다.

그러나 1960년 박정희 대통령의 고리채 정리령이 내렸다.

이웃에서 살며 우리 종중의 발전을 시기하던 자들이 면에 알려 종중사업 계획이 무산되어 큰 타격을 입었다.

나는 견디기 힘들어 병이 났다.

종중에서는 누구도 위로해 주는 사람이 없었다.

나는 쌀 한 말 낸 집에 한하여 백미 27말을 나누어 주었다.

그 후 어려움을 딛고 성미 수습에 힘을 기울여 1980년에는 백미 25가마 (현금 175,000원)가 되었다.

이때는 나라 경제가 좋아져서 남의 쌀을 먹는 사람이 없었다.

1970년, 종중미를 농협에 예금을 하려 하였는데 9촌 조카 벌인 광원이 아버지 재식을 증인으로 갖다 쓰고 갚지를 않아 종중에서 언쟁이 많던 차에 1980년 원금 175,000원을 재식이 밭을 팔아 갚았다.

그해 10월 8일, 위 종중 돈을 70만원으로 늘려서 '위토영금'으로 삼아 살아생전에 위패를 장만하려고 하였다.

그러나 1986년 4월 5일, 등자리 선영 이장을 빙자하여 조카 수월이 그 돈을 모두 가져갔다.

1980년 전두환 대통령 시절, 농협 정기예금 이자가 연리 24.9%하던 것이 2년 후 연리 9%로 내리는 바람에 5년짜리 정기적금을 들었다.

2년은 같은 이자로 하였으나 3년째부터는 이자가 더 내려 3년간 부족한 금액을 내가 보충하였다.

1986년 수월이가 찾아와 종중 돈을 달라고 하여 70만원 가운데 60만원을 주니 종중 돈을 갈취하였다며 나를 도둑놈이라 하여 마음이 아팠다.

조상들의 묘지 이장은 후세들이 알아서 잘하겠으나 종중 어른들과 상의하는 것이 도리인데 40년 세월을 봉사해온 나를 멀리하고, 아쉬울 때만 찾아오니 마음이 아프다.

그동안 매년 벌초 때마다 집집이 돌아가며 중식을 맡아 하기로 하였다.

쌀은 종중 쌀을 서 말씩 주기로 하고 반찬은 가급적 집집마다 조금씩 준비하기로 하였다.

처음 몇 해는 잘하였으나 점차 시들해졌고, 할 수 없이 우리 집에서 중식을 준비하였는데, 40년간 한 번도 준비하지 않은 집이 반은 될 것이다.

내가 금토동을 떠나 평택으로 가며 벌초 밥을 하라고 쌀 10말을 주었더니 이장 점심을 빙자하여 다 먹었다.

쌀 한 말 내고 27말을 받았으면 감사해야 함에도 나에게 종중 돈을 갈취하였다는 말은 하면 안 될 터이다.

2세들은 그 돈을 나에게 달라고 할 권리도 없다.

당시 70만원 적금통장은 기한이 남아 있었다.

정웅 엄마와 광호가 그 돈을 내어 놓으라고 왔다.

후에 광호의 부친인 재식의 위임장을 수월이 가지고 와 내밀며 달라고 하였는데, 산소 이장문제 등 나의 뜻에 따라 이장하면 70만원뿐 아니라 부족한 것을 더 주었을 것이다.

한마디로 괘씸하였다.

1987년 4월 5일, 숱한 우여곡절 중에 성남시 등자동 산 125번지 전 나주 나 씨 선영을 군(軍)에서 수용하여 이장하였다.

속담에 '되지 못한 음식이 뜨겁기만 하다'는 말이 있다.

100여 년 전 할아버지도 모르고 고조할아버지 위에 누군가 후손의 묘를 썼는데, 이는 분명 고조할아버지보다 잘났다는 마음으로 묘지를 거꾸로 만든 영삼·영준·영조일 것이다.

나는 벌초하러 갈 때마다 이러한 일들이 늘 마음에 걸렸다.

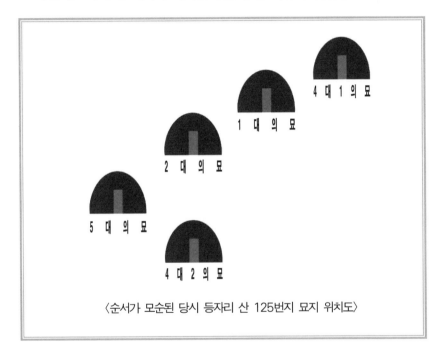

〈순서가 모순된 당시 등자리 산 125번지 묘지 위치도〉

나는 일찍이 살면서 깨달았다.

세상에는 어떤 질서가 있다.

1대 할아버지의 노여움으로 종중이 이렇구나.

그러나 누구 하나 잘못을 지적하지 않았다.

결과는 그대로 나타났다.

부유했던 영삼 씨는 환난 가운데 소 세 마리를 잃고 집안에 우환이 일자 교회를 다니기 시작하였다.

자식들 이름도 요한·시몬·야곱으로 짓고, 교회를 다닌다며 족보까지 불에 태웠다.

당시 나주에서 사람이 왕래하였으나 단절되었다.

그러나 결과는 좋아지지 않았고, 끝에는 소원도 없어졌다.

둘째 영후 씨는 기운이 천하장사였으나 사람들을 잘 때리고 악한 일을 일삼아 감옥에서 세상을 떴다.

셋째 영조 씨 역시 집안의 위아래가 없고, 협조가 없고, 안 되기를 좋아하였으며, 집안에서 우애는커녕 서로 으르렁대었다.

뿐만 아니라 시집오는 여자들도 억세고 심술궂고 사나워 집안이나 이웃까지 힘들게 하였다.

또한 종중에는 친밀함이 없고 늘 불안이 그치지 않았다.

나는 그 이유가 항시 1대 산소를 기억하며 조상의 노여움 때문이라 생각하였다.

1987년 4월 5일, 이왕지사 軍이 수용함에 따라 이장됨을 기회로 1대 조부 (19대 武天 추정)가 나주 반계에서 오셨다가 현재 등자리로 이주하여 하향하지 않아 나주에서 사람이 올라와 구하였고, 묘지를 나주 선영으로 모시고, 등자리 묘지 이장 보상비 600만원 중 100만원은 이장비로 쓰고, 위토로 논 네 마지기를 500만원을 주고 사기로 합의하였다.

그리고 매년 10월에 사람들이 나주로 가서 벌초하기로 하였다.

1986년 11월 금토동 우리 집에서 합의를 보고 차비 만원을 주어 보냈다.

이러한 내용을 종중 2세들에게 알렸으나 2세들은 조용하여 나의 뜻에 동의하는 것으로 알았다.

그런데 1986년 12월, 손주뻘 되는 정웅이 여주 능서면 신지리에 산을 샀다며 함께 가자고 하였다.

나는 배신감에 가지 않으려고 하였으나 차를 집 앞에 대놓고 간청하여 어쩔 수 없이 현장에 가보았다.

그런데 큰 산줄기 옆 계곡으로 사방이 막혀 묘지로는 좋지 않았다.

밤나무 밭이었다.

오후 3시경 모란시장에 내렸다.

점심식사도 못하고 헤어지며 정웅에게 말했다.

"거기는 산소 자리가 아니다. 평당 1만원에는 안 산다."고 야단을 쳤다.

그러자 정웅이 평당 9,500원에 하겠다고 하여 헤어졌다.

그 후 나는 종중 일에 관여하지 않았다.

모든 것을 2세들에게 위임하였다.

1987년 4월 4일, 등자리 선영을 여주로 이장하니 오라고 하였다.

내가 가지 않는다고 하자 등자리 산소가 누가 누군지 몰라 내가 동행하지 않으면 이장을 할 수 없다고 하였다.

이장 기한이 지나면 국방부에서 산소를 밀어버린다고 하며 독촉하였다.

아쉬우면 나를 찾았다.

당시 등자리에는 산소 10여 분상이 넘었는데 연고자를 찾아 1주일 내로 서류를 해오라고 하였는데 할 사람이 없다며 내게 맡겼다.

나의 돈을 써서 서류를 준비하여 정웅에게 주니 정웅이가 軍에 제출하여 통과시켰으나 정웅은 수고했다는 말 한마디 없었다.

40년 동안 종중 봉사도 아랑곳없이 학대하는 마음이 들어 편치 않았다.

그러나 어찌하랴!

묘지 이장을 하며 등자리 선조들의 명단을 조사하고 묘지 도면을 작성하여 묘지 이장에 참고하라며 자료를 주었다.

1987년 4월 5일 청명이다.

차가 한 대라 동시에 못가고, 일하는 사람들이 먼저 가고 나서 웃어른들은 나중에 가기로 하였다.

차를 기다려 9시 반에 금토동을 떠나 12시 경 여주 능서면 신지리 산에 도착하였다.

산소 자리를 다 파놓았는데 내가 계획하여 준 도면대로 하지 않고 공원 묘지와 같이 선후가 없이 일렬로 해놓았다.

어처구니가 없어 눈물을 흘리며 평택으로 돌아왔다.

8촌 형인 재식이 애들이 하는 일이니 내버려 두라고 하였다.

이렇게 나의 공들였던 40년 종중 사업의 꿈은 좌절되고 말았다.

1992년 7월 15일, 금토동 산 102번지에 모신 기봉(봉한) 할아버지 묘지가 판교 - 안양 간 고속도로가 생기며 이장령이 내렸다.

2개월이 지나며 독촉을 받았다.

나는 금토동 산 12번지 부친 춘삼 묘소에 모시자고 수범이에게 말하니 매우 좋아하였다.

나는 조카 수월에게 7월 15일 이장 계획을 전하며 이장보상금 98만원으로 두 조부 묘비로 세우자고 하니 반대하였다.

1988년 4월 5일, 여주에 모신 기봉 조부 부인 경주 최 씨도 금토동 산에 합장으로 모시자고 하였더니 그 자리가 비우면 보기 싫다며 반대하였다.

결국은 기봉 조부 묘지도 나의 뜻과 달리 여주 선영으로 하였다.

나를 무시하고 나의 마음을 이렇게 아프게 하니 우리 종중사(宗中史)에 길이 남을 것이다.

그를 아끼고 사랑하였거늘 이렇게 마음 아프게 하다니!

아~ 아~ 아~ 명천의 하나님이시여! 나를 돌아보소서!

조상님들이시여!

자손으로서 저 재명은 조상님들을 질서 있게 순서대로 모시려고 하였으나 힘과 지혜가 부족하여 2세들에게 밀려 잘못 모심을 죄송하게 생각합니다.

노여움을 푸소서!

이제 마지막으로 탄원(歎願)하오니 각 가정마다 후손을 살피시어 잘못됨을 용서하소서!

나주 나 씨 가정에 인물을 키워주소서!

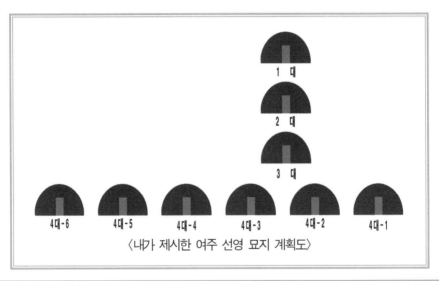

〈내가 제시한 여주 선영 묘지 계획도〉

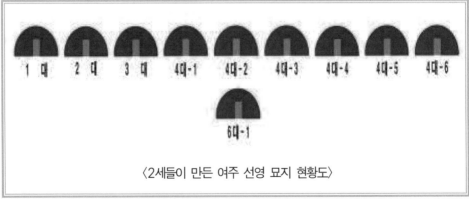

〈2세들이 만든 여주 선영 묘지 현황도〉

❖ 나주 나 씨 반계공파 금토동 계보

- **18대 윤관**(允寬) (숙종)

  나주 나 씨 대동보 8권 페이지16 (1956년판)

- **19대 무천**(武天) (영조) 처: 의령 남(南) 씨 ┃ 여주 선영: 무용(武勇) (字)

  상동 페이지16

- **20대 성**(城) (영조) 처: 충주 박(朴) 씨 ┃ 여주 선영: 인렬(仁烈) (字)

  상동 페이지16, 88

- **21대 석광** ┃ 수한(壽漢)(字:기수), 봉한(奉漢)(字:기봉) (정조)

  상동 페이지58, 88

- **22대 수한** → 성집, 태집, 지집

  봉한 → 왕집(성오) ┃ 상동 페이지89

- **23대 태집** → 수영(영삼), 수준(영준), 수삼(영조)

  성집 → 자녀가 없음.

  왕집 → 원삼(수원), 춘삼(수춘), 용학(수용)

  지집 → 자녀가 없음

- **24대 영삼** → 부균, 우균, 문균 ┃ 25대 이후는 대동보 528쪽 참고

  영준 → 인균

  영조 → 재식, 재훈, 재진

  원삼 → 재성

  춘삼 → 재준, 재철, 성윤, 재명, 재근

  용학 → 명석, 은석

- **25대 부균** → 야곱

    우균 → 종용, 종현, 종천, 종만, 종운, 종복
    재문 → 광해 ㅣ 여: 광월, 광석, 광천

    인균 → 종성 (字:유성)

    재식 → 광원, 광호, 광만, 광범 ㅣ 여: 광연, 광임
    재훈 → 장순만(張順萬)(처), 광덕, 광복, 광철 ㅣ 여: 광자, 광숙,
    재진 → 처: 전주 이(李) 씨, 광일, 광선, 광목 ㅣ 여: 광해, 광진

    재성 → 광현, 광열, 광친, 금례, 정례, 금란, 금련

    재준 → 윤후분(처), 종일, 광순(여)
    재철 → 염금련(처), 수월, 수영, 수일, 수범 월자(여), 애자(여)
    성윤 → 현천렴(처), 종오, 광근, 종설, 희자(여), 희명(여), 이영(여)
    재명 → 이종련(李鍾連)(처), 광화, 광국, 광동, 광란(여), 영란(여),
                        인란(여), 경순(여)
    재근 → 행불, 자녀 없음.

    명석 → 김현례(金顯禮)(처,勸士), 광환, 광배, 광군, 희숙(여)
    은석 → 오은순(처) 종수 ㅣ 여: 광주, 광구, 영자, 영애

- **26대 야곱** → 정숙(여), 정연(여)
    광해 → 경수, 찬수

    종성(字:유성) → 처: 이창순(전주 이씨), 정웅(호: 마짱이)

    광원 → 춘수, 성수, 정수(여)
    광호 → 갑수, 상수, 연수(여)
    광만 → 경재, 양수(여), 현수(여), 다희(사위: 진은종), 지희
    광범 → 준영, 지영(여), 지혜(여)

광덕 → 박정녀(처), 진수, 경수, 옥수(여)
광복 → 이정자(처), 영수
광철 → 손인숙(처), 상석, 정자(여)

광일 → 희영(여), 근영(여)
광선 → 세영(여)
광목 → 주영(여), 인영(여)

광현 → 지수, 설의(여), 선의(여), 승의(여)
광열 → 기수, 희수(여), 희경(여)
종목(광친) → 김유정(처), 한수(여), 효선(여)

종일 → 정훈, 유정(여), 유진(여)

수월 → 박승혜(처), 현, 현정(여)
수영 → 경남, 경민
수일 → 현진, 현아(여)
수범 → 하나(사위:김정훈), 지나(이성구)

종오 → 한수, 지수
광근 → 원희(여), 원서(여), 원정(여)
종설 →

광화 → 김정선(처), 영길, 성길
광국 → 김애희(처), 효남, 지효(여)
광동 → 은정화(처), 은정(여), 정이(여)

광환 → 범수, 승수, 지수
광배 → 황경해(처), 수향, 수지, 수민,
광군(신영) → 드림

종수 → 미혼

❖ 개별 세부 이력(18대 윤관-23대 수한, 봉한)

- **윤관**(允灌) : 나주 나 씨 18대손, 父: 두희(斗熙), 字: 화백,
  숙종 갑오년 12월 28일 생, 계유년 6월 17일 망
  묘지: 금강사(金剛寺)
  자: 무천, 여: 1명 ☀ 족보 8권 페이지16 참고

- **무천**(武天) : 나주 나 씨 19대손, 字: 무용(武勇)
  영조 계축년 11월 5일 생. 정축년 9월 2일 망
  묘지: 대왕면, 등자리 → 여주 세종대왕면 신지리 89-1
  婦: 남일환 (의령 남 씨) 을유년 8월 10일 생 무신년 3월 18일 망
  묘지: 부공묘(附公墓) ☀ 족보 8권 페이지16 참고
  子: 城

- **성**(城) : 나주 나 씨 20대손, 초명: 동성(東城), 字: 인렬(仁烈)
  영조 임신년 12월 3일 생, 을유년 9월 18일 망
  묘지: 재선영(在先塋) → 여주 세종대왕면 신지리 89-1
  配: 박원철(충주 박씨) 을해(乙亥)년 5월 19일 생, 갑진년 10월 18일 망
  묘지: 부공묘(附公墓) ☀ 족보 8권 페이지88 참고
  子: 석광

- **석광**(錫廣) : 나주 나 씨 21대손, 字: 지선(智善)
  계사(癸巳)년 8월 12일 생, 계축(癸丑)년 1월 25일 망
  묘지: 재선영(在先塋) → 여주 세종대왕면 신지리 89-1
  配: 오선명(해주 오씨) 갑오년 2월 27일 생, 정사년 3월 17일 망
  묘지: 부공묘(附公墓)
  子: 수한(壽漢), 봉한(奉漢) ☀ 족보 8권 페이지88 참고

- **수한** : 나주 나 씨 22대손, 초명: 기수(基壽)

  정조 을사년 5월 16일생, 경오년 8월 13일 망

  묘지: 대왕면 등자리 → 여주 선영

  配: 이효명(전주 이 씨) 무신년 3월 11일 생, 임신년 5월 7일 망

  묘지: 합부(合附)

  子: 성집(聖集), 태집(泰集), 지집(智集)

- **봉한** : 나주 나 씨 22대손, 초명: 기봉(基奉) → 나의 증조할아버지이시다

  정조 무신년 3월 5일 생, 무오년 1월 10일 망

  묘지: 대왕면 금토리 → 여주 선영

  배: 김○○(김해 김 씨) 갑자년 3월 5일 생, 병자년 6월 17일 망

  묘지: 대왕면 등자리

  子: 왕집(旺集) → 나의 아버지 춘삼의 아버지이시며, 나의 할아버지이시다

- **나주 나 씨 종친회**

  서울 종로구 종로 350(숭인동) 동묘역 앞 4번 출구 코스모 평생교육원 內

  대표: 02-514-2668 - 종친회장: 나기옥 (010-5147-0090)

■ 성남시 금토동 부엉 비위산에 모셔진 부친 춘삼과 모친의 묘 ■

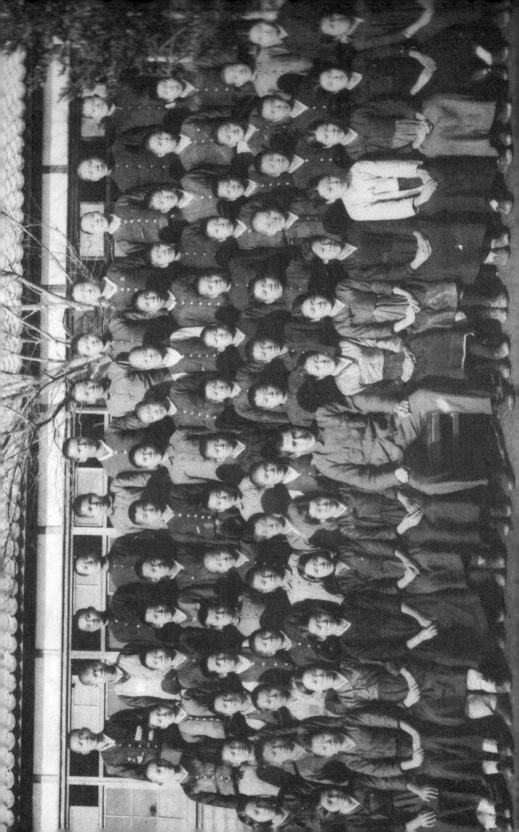

제7막

황혼의 때 마지막 부탁

아버지가 전하고 싶은 이야기

솔직히 말하면 나이 팔십까지 파란만장(波瀾萬丈)한 세월이었다.

경기도 성남시 금토동 319번지를 중심한 나의 일생이 이제 얼마나 남았을까?

피눈물 나는 한 많은 세월 속에 7남매를 양육하기 위해 온갖 노력을 다해 성공적으로 오늘에 이르렀다.

부모로부터 물려받은 것은 건강한 몸 하나뿐이었다.

7남매의 어린 시절에는 먹고 살기도 벅찼다.

죽지 않고 살아 기적의 오늘을 있게 한 것은 하나님의 은혜라는 믿음뿐이다.

하나님께 감사드린다.

60평생을 견디다 마침내 한의 눈물로 고향 길을 적시며 떠난 해가 1986년 12월 30일 66세의 나이였다.

이때의 나의 마음 아픈 사연들이 기억난다.

당시 내가 살던 금토동 319번지 일대 토지 1,154평은 주인이 서울 홍제동 남상인이었다.

그는 이 땅을 금토 2통 2반 임상봉에게 임대료 등을 관리토록 하였다.

해방되던 해부터 6·25 전후 기간은 제대로 농사지어 먹고 살기도 어려운 시기여서 임대료 내기도 쉽지 않았다.

그러자 임상봉과 임상문이 양매부가 법원에 근무한다며 우리 집터를 철거시킨다고 협박하였다.

상문은 나의 8촌 누이의 아들이다.

그는 나쁜 마음을 품고 악한 일을 서슴지 않았다.

1972년도에 장남 광화가 해군사관학교에 입학하였다.

그는 진해 해군사관학교까지 가서 광화의 막내 삼촌이 6 · 25 전쟁 때 북한 의용군으로 갔다고 알렸다.

그러나 그의 추악한 행동은 모두 좌절되었다.

당시 토지를 관리하던 임상봉이 임대료를 받아 전해 주지 않자, 홍제동 남상인은 토지를 매도하려고 하였다.

그의 대리인이 금토 내동 윤홍의로 나는 그와 함께 서울 천호동에 가서 매매 계약을 하였다.

매도금액이 976,000원이었고, 계약금은 76,000원이었다.

이것을 둘째 재철 형의 돈으로 지불하고, 잔금을 성윤 형과 내가 각각 45만원을 부담하여 매매를 성사시켰다.

토지 관리인 임상봉 모르게 감쪽같이 하였다.

부친 춘삼의 묘지가 있는 금토동 12번지 임야도 상봉이 모르게 매수하여 등기를 재철 형 명의로 하였다.

뒤늦게 매수 사실을 인지한 임씨들은 당황했는지 악심을 품고 임성열을 통해 온갖 만행을 가해 왔으나 소용없었다.

그들은 말하며 다녔다.

밥을 굶어 시름시름 죽어가던 놈이 살아서 이런 엄청난 일을 할 줄 몰랐다고 하였다.

이러한 공든 일은 아랑곳없이 셋째 성윤 형은 그림자같이 계약서 쓸 때, 잔금 치를 때, 등기 낼 때마다 의심하며 따라 다녔다.

몇 해가 지났다.

어느 날 아침 성윤 형이 와서 재철 형네 집을 나 혼자 팔아먹었다면서, 사기꾼이라고 매도액의 반을 요구하였다.

그뿐이 아니었다.

공동으로 매입한 토지 1,154평 가운데 내가 관여하는 것은 금토동 319-2와 7번지 대지 275평과 집터 대지 123평으로 총 398평이었다.

나머지 756평을 성윤 형이 차지하였으니 나의 두 배를 차지하였다.

그럼에도 형은 나의 집 행랑 추녀 안으로 울타리를 쌓아 들어왔다.

내가 항의를 하니 낫을 들고 덤벼들며 나를 찍으려 하였다.

형제간에 부끄럽기 짝이 없었다.

나보다 토지를 두 배를 더 갖고도 나더러 사기꾼이라니 어처구니가 없었다.

당시는 경부고속도로가 공사 중이었다.

마을이 새롭게 정리되며 8촌 재진 형네 집 옆으로 길이 나게 되었다.

셋째 성윤 형수는 내가 길을 내어 주었다면서, 만나면 불평하며 악담을 하였다.

성윤 형은 병으로 병원에 입원하여 있었다.

형수는 병원에서까지 "너 때문에 너의 형이 죽는다."며 떠들었다.

가깝게 지내던 성윤 형과 형수다.

차라리 남이면 내가 손해는 안 볼 것이다.

형이기 때문에 토지를 나의 두 배를 주었다.

그것을 어찌 모르겠는가!

지금에 와서도 잊히지 않는다.

그러나 어찌하랴! 다 지나간 사실이다.

모든 것은 하늘에 계신 하나님께 맡기는 수밖에 더 있는가!

성윤 형과 그 가족도 하나님의 가정이기 때문이다.

임신년(壬申年)을 보내며

금년은 태어나서 약값도 많이 들고 병원도 자주 갔다.

타향살이 6년이 되어 해가 갈수록 체력이 떨어지며 병으로 자주 눕게 되었다.

아내도 마찬가지로 1992년 1월부터 협심증으로 1년 내내 약을 복용하고 있다.

여러 가지로 허전한 생각이 든다.

이제 하늘나라로 갈 때가 되었다는 생각에서 사는 동안 아프지는 말아야 하겠다는 마음으로 인삼·녹용은 물론, 이름 있는 약방을 찾아다니며 약을 사 먹었으니 약값이 많이 들었다.

아내의 약값은 대부분 장남 광화가 부담하였으나 나의 약값은 대부분 내가 부담하였다.

나의 마음도 많이 달라졌다.

건강을 챙겨야 했기 때문이다.

참혹했던 그때 그 시절을 생각하며 황혼의 나이에도 잠시나마 쉴 줄도, 쓸 줄도, 입을 줄도, 먹을 줄도 모르고 살았다.

아내와 함께 7남매 자녀들을 키우며 늘 근검절약하며 살아왔다.

그러나 이젠 몸이 많이 아프다.

언제 하늘나라로 갈지 모른다.
그래서 건강을 챙기려고 힘쓰니 마음이 변한 것이다.

지난 1년간 병원비와 약값으로 5백만원이 소비되었다.
적은 돈이 아니다.
자식들에게는 말도 하지 않고 조용히 혼자서 건강을 위하여 많은 비용을
치렀다.
다행히 수중에 돈이 있었다.

그동안에 모은 재산도 서서히 자식들에게 넘겨주고 있다.
평택 농지 1만평 중 7,000평을 광국에게 주어 경작 중이고, 1991년부터
주택을 포함하여 모든 것을 넘겨주었다.
그가 모든 것을 잘 경영하여 성장하기를 바란다.
힘든 일을 돕기는 힘드나 기력이 있는 한 소소한 일은 도와주려고 한다.
왼쪽 무릎이 관절염으로 아파서 일하기가 어렵다.

성남에는 효자문 밭과 건너 논 경작을 못해서 묵히고 있다.
마음이 아프지만 어쩔 수가 없다.
평택에 오기 전에는 옥토로 곡식이 소복소복했는데 내가 세상을 뜨기 전에
이렇게 숲으로 되었으니 마음이 아프기 그지없다.
나의 남은 여생이 얼마나 될지 모른다.
아직도 할 일이 많다.
수족은 줄어가고, 기억력도 감퇴하고 있다.

막바지 인생에서 부부가 헤어져 있다.
아내는 성남의 큰아들 집에, 나는 평택 둘째 아들 집에 살고 있다.
나는 광국이의 농사를 보살펴야 하고, 아내는 자부가 초등학교 교사이기에
어린 손주들을 돌봐야 하기 때문이다.

이러한 것도 하나님의 섭리가 아닐까 생각한다.

다행히도 큰 자부 김정선, 둘째 자부 김애희 모두 부잣집 딸들은 아니지만 현명하고 착실하니 효부라 할 만하다.

서울에서 시골로 시집을 와 어려움이 많겠으나 무엇이든지 열심히 하려고 하고 있으며 잘 적응하고 있다.

불평 없이 잘 해주어 감사하고 하나님의 복이라 생각한다.

7남매 중 아직 세 명이 결혼을 못하여 늘 마음에 짐이다.

고등학교, 대학교를 나와 세상 어디에 가도 살 정도로 성장하였다.

내가 오래 살아서 모두 결혼하여 잘사는 모습을 보고 하늘나라로 가야 할 텐데 말이다.

최근에 자식 결혼이 남은 사람은 친구 중에 나뿐이다.

가끔 만나면 민망하다.

격변하는 세상이다.

너무 변하는 것이 많다.

밥도 전기로 한다.

난방도 석유로 한다.

여름엔 에어컨이 있어 시원하다.

수도꼭지를 틀면 물이 나온다.

전화도 휴대폰으로 한다.

너무 편리한 시대가 되었다.

농촌도 마찬가지다.

각종 기계로 논밭을 경작한다.

7,000평 논의 모내기를 혼자서 하루 만에 끝낸다.

차도 집집마다 있어 길에는 차들로 가득하다.

길도 다 포장되어 있어 깨끗하다.

건축 기술도 발전하여 집을 쉽게 잘 짓는다.

1950년대에는 집집마다 면서기들이 다니며 공출 벼를 내라고 다니며 농민들과 싸웠으나 지금은 쌀이 남아돈다.

이렇게 세상이 변할 줄은 상상도 못하였다.

과거에 굶주리다 세상을 뜬 사람들이 많다.

그들이 더 살았으면 얼마나 좋을까를 생각해 본다.

나의 어린 시절, 거지들이 많아 깡통을 들고 다니며 먹을 것을 얻으러 다녔다.

요즘은 거지들은 안 보이고 도둑놈들이 있다.

도둑놈들은 차를 타고 다니며 도둑질을 한다.

이러한 세상을 만든 것이 무엇인가?

바로 교육이다.

교육을 통해 각종 학문이 발달하였다.

1940년대만 해도 마을에서 가장 가난했던 우리 가정이다.

그러나 지금은 차가 두 대이고, 농사를 지을 모든 기계가 갖추어져 있다.

7남매 양육도 성공적이었고, 가정 경제도 남부럽지 않게 성장했다.

이 모든 것이 하나님의 은혜요 축복이다.

아직도 해야 할 일이 남아 있으나 더 미련은 없다.

남에게 빌리던 시절에서 남에게 베푸는 시절로 성장했다.

한 세상을 살며 승리했다고 자부한다.

자식들에게 마음 든든하게 물려 줄 수 있으니 복이다.

한마디로 가난으로 몸부림치던 시절을 극복하고 성공하여 일생을 유종의 미를 거두게 되었으니 기쁘고 감사하다.

평택 평궁리 소송 사건

1972년 평택군 팽성읍에 논 10,180평을 샀다.

경작은 땅을 소개한 마을 사람 설경태에게 맡겼다.

그런데 그가 몇 해가 되어도 도지를 해오지 않았다.

4년이 되었는데 밀린 도지가 쌀 53가마였다.

그가 소를 사달라고 하여 사주었는데 외양간이 불타서 소가 죽게 생겨 할 수 없이 내가 성남에서 평택으로 가서 농사를 짓기로 하였다.

소는 누님의 아들 최선옥에게 주어 농사를 짓게 하였다.

내가 농사를 지으니 첫 해에 쌀 61가마를 생산하였다.

성남과 평택을 오가며 농사를 짓기가 힘들어 원주민 나재홍에게 임대를 해주었으나, 그가 몇 해를 하다가 농사짓기가 힘들다며 나에게 직접하라고 하였다.

어쩔 수 없이 평택 평궁리에 집을 사기로 하고 나재홍에게 부탁하였다.

1984년 2월 평궁리 283-12 대지 370평인 집을 830만원에 샀다.

이 땅은 적산토지로 국세청에서 등기가 난다고 하여 구전을 8만원을 주었는데, 집주인은 성남 시흥동에서 살다가 이사 온 신갑철의 자(子) 신현작으로 나의 셋째 처남 이종진의 처남이었다.

나중에 알게 된 사실은 나재홍이 돈을 빌려주었는데 갚지를 않아 그 돈을 받기 위해 마을 사람들과 모의를 한 것 같았다.

아무튼 재홍은 평당 3만원이면 싸게 샀다고 하였다.

그런데 신현작은 집을 나가지를 않았다.

6개월을 더 살아야 한다고 하여 30만원 보증금에 월세 5만원씩을 받기로 하고 잔금을 지불하였다.

당시 평택 시내에 집을 사 임대를 주었다.

매달 평택에 임대료를 받으러 가면 평궁리에 들려 집세를 받으러 가면, 신현작은 돈이 없다고 하였다.

집에는 방이 세 개가 있었는데, 방 세 개를 세를 놓고 있었다.

월세가 한 가구에 25,000원으로 모두 75,000원씩 월세를 받고도 월세 5만원을 주지 않았다.

신현작은 아주 비양심적인 사람이었다.

그뿐인가?

283의 12대지는 370평이 아니고 216평이었다.

사기를 당한 것이었다.

그나마 집을 판 신현작은 나가지도 않고 집세도 내지 않는 등 손해가 적지 않아서 집을 소개한 나재홍에게 책임을 추궁하자 그가 살 사람이 있으니 그 집을 다시 팔라고 하였다.

그에게 팔겠다고 하니, 그가 누가 그런 집을 사겠느냐며 딴청을 부렸다.

나는 그날 나재홍과 크게 다투었다.

최복현이 중재하여 나는 성남으로 왔다.

며칠 후 최복현이 살 사람이 나타났으니 팔라고 하였다.

나는 그에게 누가 그런 문제가 있는 집을 사겠느냐며 거절하였다.

그러자 최복현이 염려 말고 평궁리로 오라고 하였다. 평궁리에 가니 사려는 사람은 원주민 이방하의 소실인 여인으로 그녀의 아들 명의로 산다고 하였다.

그리하여 1986년 1월 16일, 이방하가 책임을 지기로 하고 매도금 900만 원에 계약서를 작성하였고, 잔금까지 수령하였다.

그런데 문제가 발생하였다.

흥정꾼 최복현과 이방하가 책임을 진다고 하여 팔았을 뿐인데, 1988년 3월 15일, 얼굴도 모르는 여인이 찾아와 평궁리 283-12 번지 등기를 요구하였다.

이 여인은 이방하의 소실이다.

나는 여인에게 차를 대접하고 매매 경위를 설명하였다.

등기는 이방하가 책임지기로 하였다고 설명하였다.

그녀는 이방하를 감옥에 보낸다고 하며 떠났다.

이런저런 이야기가 마을에 돌았다.

이 집을 2,500만원에 팔려는데 등기가 없어서 안 산다는 것이었다.

그해 7월 그 여인이 다시 찾아와서 등기를 안 내주면 소송을 한다며 협박을 하였다.

나는 자초지종을 설명하며 그녀에게 함께 문제를 잘 풀어보자고 권면하였으나 그녀는 소송한다고 화를 내며 떠났다.

나는 이방하를 불러 그녀를 설득하여 함께 문제를 해결해 볼 것을 권했다.

그는 그녀가 말을 듣지 않는다며 난감해 하였다.

1990년 4월 말, 그녀는 수원법원에 민사소송을 하였다.

1990년 5월 18일 수원법원에서 소장이 왔는데, 1천만원을 지불기일까지 월 2할 5부로 지불하라는 것이었다.

원고 이름은 이황제, 대리인은 성남지원 부근에 사무실을 둔 신학근 변호사였다.

나는 이 사건을 광화에게 해결하도록 부탁하였다.

광화는 사건의 진상을 파악하였다.

김수례라는 여인이 서울 수유리에 살고 있는데, 이 여인이 문제의 토지를 자신의 명의로 상속등기를 낸 것을 알게 되었다.

광화는 당시 국방정보본부에서 한미연합사에 파견근무 중이었다.

광화는 군법무관을 찾아가 상담을 하였고 그는 대응 요령을 코치하였다.

1990년 3월, 광화는 그의 코치대로 김수례가 문제의 토지를 매도하지 못하도록 공탁금 30만원을 걸고 평궁리 283의 12, 15 대지와 주택을 매매금지 가처분 신청 및 압류를 하였다.

광화는 변호사 없이 군 법무관의 도움을 받아 김수례를 상대로 '명의 이전 청구소'를 제기하였다.

길고 긴 소송 끝에 1994년 1월 28일 사건이 종료되었고, 나의 명의로 등기가 이전되었으며, 동시에 공탁금도 수령하였다.

본 사건에 대한 진상은 이렇다.

해방이 되며 일본인들이 두고 간 토지를 적산토지라 한다.

정부에서는 이런 토지를 조사하여 현지인들에게 값싸게 불하하였다.

문제의 평궁리 283의 12, 15 대지가 그러한 토지였다.

평궁리에 윤태영이라는 부유한 사람이 있었다.

이 사람이 위 토지를 정부로부터 불하 매입하였는데 등기를 하지 않은 상태에서 죽었고, 그의 아들 윤병로(김수례의 남편) 역시 상속 등기를 하지 않은 상태에서 위 토지를 팔고 죽었다.

김수례는 평궁리를 떠나 이사하였다.

이후 본 토지는 등기가 안 된 상태에서 4회에 걸쳐 매매가 이루어졌고, 문제를 인지한 나도 이황제에게 매도를 하게 된 것이다.

그러면 김수례는 어떻게 등기를 자신의 명의로 했는가?

평궁리에 이원철이라는 사람이 살았다.

그는 문제의 토지 평궁리 283의 12, 15 741평의 실상을 잘 알고 있었다.

1987년 11월 8일, 이원철이 안성군 죽산면 백암리에 사는 원창의를 데리고 와서 문제의 토지(4명분)를 15만원에 등기를 내준다며 수수료로 착수금 5천 원씩을 받고, 나에게는 새로 왔으니 1만원을 요구하여 주었다.

등기는 그해 가을까지 해온다고 하였다.

그러나 안성의 원창의는 3년이 되어도 등기를 해오지 않았고, 등기 비용 30만원을 추가 요구하자 이원철이 거절하며 일단락되었다.

문제의 토지의 실상을 파악한 원창의는 서울 중부국세청을 오가며 등기를 낼 수 있는 방법을 알게 되었고, 고인이 된 윤병로의 아내 김수례를 수소문하며 찾아내었다.

원창의는 김수례에게 접근하여 문제의 땅을 상속 등기하는 방법을 알려주고 김수례에게 수고비로 60만원을 받았다.

김수례는 자녀들에게 상속포기 각서를 받고 자신의 명의로 등기를 마쳤다.

등기를 마친 김수례는 평궁리를 떠난 지 30여 년 만에 다시 나타났다.

그리고 문제의 토지가 자신의 것임을 주장하였다.

나는 그녀에게 자초지종을 설명하며 500만원에 문제를 잘 해결하자고 하였으나 그녀는 냉담하였다.

이방하가 그녀를 찾아가 1,000만원을 제안하였어도 거절하였다.

1990년 6월 10일, 나는 문제의 토지가 30여년에 걸쳐 5회에 걸쳐 매도된 사실을 근거로 하여 그녀를 상대로 소송을 제기하였으며, 1·2·3심 모두 승소하였다.

본 사건을 좀 더 설명해 본다.

본 사건의 핵심은 인간의 욕심과 무지와 태만에서 비롯된 것이다.

1960년대에 사건의 토지를 정부로부터 불하받은 윤태형이 부지런하여 평택군청에 등기를 해놓았다면 좋았을 것이다.

또한 윤태형이 죽었으면 그 아들 윤병로(김수례 남편)가 부지런하여 상속등기를 해놓았어야 한다.

그 후 윤병로도 죽고 상속등기가 안 된 상태에서 매매가 4회에 걸쳐 이 사람 저 사람으로 이루어지며 복잡하게 된 것이다.

안성의 원창의가 중부지방국세청을 드나들며 문제 해결의 열쇠를 알고 김수례를 만나 서류를 꾸며 시부가 불하받은 사실을 증명하여 일차 등기를 마치면서 문제가 쉽게 풀린 것이다.

이런 과정에서 나는 이황제에게 문제의 토지를 매도하였고, 이황제는 매수 후에 등기를 하려고 알아본 결과 등기가 김수례로 되어 있음을 확인하고 나를 상대로 매도금 반환청구 소를 제기한 것이다.

따라서 나는 즉시 김수례를 상대로 문제의 토지 매도금지 가처분신청을 청구하였고, 그녀를 상대로 그동안 4회에 걸쳐 매매된 사실을 근거로 등기 이전 청구소를 제기하였다.

처음에 재판장은 사건의 내용을 잘 파악하지 못했으나, 광화가 중부지방 국세청에 가서 김수례가 제출한 서류(문서)를 신청 및 수령하여 수원법원에 제출하자 재판장은 사건의 진상을 파악하고 나를 상대로 소송한 이황제의 변호사 신학근에게 소송을 보류하고 피고 나재명을 도와 김수례를 상대로 싸울 것을 주문하여 문제는 곧 쉽게 해결되었다.

1990년 11월 18일, 수원법원에서 김수례 패소 통지가 왔다.
1991년 2월 김수례는 항소하였다.
그러나 1991년 4월 18일, 2심도 김수례 패소 통지가 왔다.
1992년 10월 15일, 김수례는 대법원에 상소하였다.

그러나 1993년 4월 17일 김수례 패소 통지가 왔다.

이렇게 하여 평궁리 283의 12 대지와 가옥문제가 해결되었다.

남아 있는 것은 평궁리 283의 15 답 128평이었다.

문제의 해법은 동일하였다.

김수례에게 등기 이전의 대가로 150만원을 주고 해결하였다.

이 사건을 통해 배운 것이 많았다.

후손들에게 피해가 가지 않기 위해서는 평소에 게으르지 말고 문제의 핵심을 알고 그때그때 깨끗이 정리를 해 놓아야 한다는 것이다.

심적·물적으로 많은 손해를 보았지만 고난이 네게 유익이라는 하나님의 말씀을 깨닫고, 힘과 지혜를 주신 하나님께 감사한다.

평택시 평궁리 283-12 대지 구매 사건

1970년 경, 성남시 금토동 농지 5,000평을 팔아 평택 평궁리 근방에 10,180평 농지를 매입하였다.

중개한 원주민 나재홍에게 경작을 하게 하였다.

그는 매우 어렵게 생활하였으나 많은 땅을 경작하며 생활이 나아졌다.

그러나 농사짓기가 힘들다고 하여 내가 직접 농사를 지으려고 평궁리에 살 집을 알아보게 하였다.

마침 평궁리 283-12 대지 370평이 난다고 하여 사기로 작정하고 집주인을 만나보니 성남시 시흥동에서 이사한 신갑철 씨 집이었다.

그는 나의 둘째 처남 이종진의 장인이었다.

그런데 그 집은 문제가 있었는데, 등기가 없었다.

알아보니 일본인이 소유하던 적산토지였는데 원주민 윤태형씨가 정부에서 불하받았으나 국세청에서 등기를 해놓지 않은 것이었다.

나재홍은 나에게 국세청에서 등기가 나오니 걱정하지 말라고 하였다.

그의 말을 믿고 370평을 830만원을 주고 계약을 하였다.

1984년 12월 5일, 등기가 나지 않았지만 잔금을 치루는 과정에서 신갑철은 갈 곳이 없어서 집을 당장 내줄 수 없으니 6개월간 30만원 보증금에 월세 5만원씩 받기로 하고 잔금을 청산하였다.

그런데 신갑철은 1년이 지나도록 나가지도 않고 월세도 주지 않았다.

나는 중개한 나재홍을 꾸짖었다.

"이놈아! 흥정을 잘해야지. 구전 8만원만 받으면 다냐?"

그러자 나재홍은 다른 사람에게 토지와 집을 팔아주겠다고 하였다.

평궁리에 사는 최복현이라는 자가 흥정꾼이었다.

그는 평궁리 원주민 이방하의 소실이 성남에 사는데 그녀의 아들 이황제의 명의로 매매 계약을 하자고 하였다.

나는 등기문제와 신갑철의 행태를 이야기하며 매매가 쉽지 않다고 하였지만, 최복현은 자기가 책임을 진다며 염려 말라고 하여서 1985년 1월 5일 900만원에 매매 계약을 하고 잔금을 수령하고 구전도 20만원을 주었는데 1987년 3월 이방하 소실이자 이황제의 모친이 찾아와 집 등기 이전을 요구하였다.

나는 흥정한 나재홍·이방하·최복현이 책임진다고 하였으니 그들에게 요구하라고 하였으나, 그녀는 세 사람을 욕하며 등기 이전을 하지 않으면 소송하겠다고 협박을 하였다.

내가 재홍·이방하·최복현을 만나 책임을 지라고 하였더니 이방하가 나에게 300만원을 내라고 하여, 나는 "이 도둑놈아! 그동안 손해 본 것만도 억울한데 무슨 돈이냐? 너희가 책임져라!" 하고 야단을 쳤다.

문제의 발단은 평궁리 283-12 대지가 그동안 등기가 나지 않았었는데 평궁리에 살다가 팔고 서울로 이사한 김수례가 자기 명의로 등기를 낸 것이었다.

그녀는 최초로 적산토지를 불하받은 윤태형의 며느리였는데, 이 땅이 등기가 나지 않은 것을 안 주위 사람들이 접근하여 등기하는 방법을 알려주고 수수료를 챙긴 것이었다.

이러한 내막을 알게 된 나재홍과 이방하는 서울 수유리로 김수례를 찾아가서 1,200만원에 팔라고 하였으나 그녀는 거절하였다.

1987년 4월 15일, 이황제의 모친이 찾아와 등기 이전을 다시 요구하였다.
나는 그녀에게 이젠 모든 문제를 알게 되었으니 함께 연구해 보자고 설득하였으나 그녀는 당장 등기를 이전하지 않으면 소송하겠다고 하였다.
나는 마음에 각오하고 그녀에게 원하는 대로 하라고 하였다.

1987년 5월 9일, 수원법원에서 소장이 왔다.
그 집 보상금으로 1,200만원을 변상하라는 소장이었다.
보상금을 내는 날까지 연 25%의 이자도 지불하라고 하였다.
평궁리 283-12 대지는 1960년대 윤태형이 불하받은 후 등기 없이 돈만 주고받으며 4회에 걸쳐 전매가 이루어진 집으로 나는 세 번째였다.

나는 고인이 된 신갑철의 아들 신현작을 상대로 소송을 할 수 있었고, 또한 나를 속이고 사기행각을 한 나재홍을 고발하여 감옥에 보낼 수도 있었으나 이렇게 한다고 문제가 해결되는 것은 아니었다.
문제의 핵심은 30여 년 전에 문제의 땅과 집을 팔고 이사 간 후, 다시 자기 명의로 등기를 하고 집주인 행세를 하는 도둑년 김수례가 문제의 범인이었다.
30여 년간 전매를 거듭한 사람들을 알아보니 김수례 → 민병희(나재홍의 외사촌) → 신갑철(신현작) → 나 → 이황제 순이었다.

나는 실상을 파악하고 변호사 없이 광화를 통하여 소송하게 하였다.
원고 이황제와 피고로서 싸워가면서, 원고로서 김수례를 피고로 싸우는 것이었다.
다행히 두 건의 재판장이 같은 사람이었다.
한편 광화가 근무하는 연합사 군 법무관이 광화를 도왔다.

군 법무관은 광화에게 서울 송파 암사동 소재 중부지방국세청을 찾아가 김수례가 등기를 내기 위하여 제출한 문서를 요구, 수령하라고 권유하였다.

광화는 즉시 중부지방국세청에 가서 김수례가 등기를 내기 위하여 제출한 문서를 담당 공무원에게 요구하였고, 그는 서슴없이 문서를 광화에게 복사해 주었다.

광화는 문서를 재판장에게 제출하였는데, 그는 다음 재판에서 제출한 문서를 인용하며 이황제의 대리인인 신학근 변호사에게 광화를 도와 재판에 임하라고 주문하였다.

이후부터 이홍제는 신학근 변호사가 광화 대신 김수례를 상대로 소송에 임하였다.

이후 재판은 하나님께서 도와주셔서 순조롭게 끝났다.
소송 3년 만에 김수례는 3심까지 패소하였다.
민병희 등 관계자들의 협력도 매우 컸다.
이 모든 것이 하나님의 은혜라 믿는다.

평택 농지 현황(1987. 2. 20)

추팔리 23번지 답 2급 1,224평	평궁리 296의 2번지 답 3급 739평
위동 19번지 답 2급 1,234평	위동 294의 1번지 답 3급 517평
위동 9의 10번지 답 2급 673평	위동 294의 3번지 답 3급 226평
위동 9의 11번지 답 2급 535평	위동 294의 2번지 답 3급 303평
위동 9의 12번지 답 2급 918평	위동 297의 1번지 답 3급 583평
위동 9의 13번지 답 2급 298평	위동 298번지 답 3급 1,216평
위동 9의 14번지 답 2급 279평	위동 310의 117번지 답 3급 1,227평
	위동 310의 120번지 답 3급 217평
합계 5,161평	합계 5,025평
총계 10,186평	

황혼의 때 마지막 당부

금년이 1995년. 나의 나이가 74세이다.

25세부터 농사를 시작하였으니 꼭 50년을 농사지었다.

일전 한 푼 없이 맨몸으로 시작하였다.

막막한 인생의 광야를 거닐었다.

'이렇게 고생하며 살 바에는 차라리 죽는 것이 낫지 아니한가?'라며 낙담하고, 좌절하기를 쉬지 않았다.

농사가 서툴러 형들과 이웃의 비웃음을 참기 힘들었다.

1946년 3월, 어머니가 따라다니시며 '젊어서 고생은 돈을 주고 산다'고 하시며 "네가 지금은 고생을 하지만 고생 끝에 낙이 오며, 머지않아 너를 비웃는 형들과 이웃보다 더 잘살고 큰 일꾼이 될 것이니 용기를 내어 열심히 살아야 한다."고 격려하셨다.

어머니는 6남매 중에 나를 가장 사랑하였다.

나는 어머니에게 열심히 살겠으니 염려 마시라고 하였다.

하나님께 힘과 지혜를 구하며 노력한 대가로 금토동 285-1 논 1,110평을 매입하였다.

29세에는 7칸의 초가집을 짓고 소를 키웠다.

나의 가정이 성장하는 것을 보고 어머니는 매우 기뻐하셨다.

더불어 종중 사업을 시작하여 종중 자금을 만들고, 나주를 오가며 족보를 정리하였다.

마을에 글 모르는 사람들에게 야학을 열어 글을 깨우쳤다.

소를 키워 팔아 전답을 매입하며 가정 경제가 눈부시게 성장하였다.

어머니는 6남매를 양육하시느라 봄이면 나물을 캐어 시장에 가서 파시고, 다 해진 무명치마를 입으시고, 여름이면 호마자를 벗 삼아 밭을 일구셨다.

그러던 어머님이 가정이 든든하게 서가는 모습을 보고 매우 기뻐하셨다.

그때를 생각하면 눈물이 앞을 가린다.

이 불효자식!

무슨 변명이 있겠는가!

낳아서 길러준 어머님 생각에 눈물이 앞을 가린다.

60을 살지 못할 것이라던 내가 80을 바라보고 있다.

이 모든 것이 나의 힘이 되신 하나님의 은혜이리라!

마지막 당부

3개월에 걸친 교육비 지출을 보고

힘겨운 농촌 생활을 하며 가정 경제를 성장시키는 가운데 7남매를 양육하는 것은 정말 쉬운 일이 아니었다.

항상 비상한 자세를 가져야 했다.

초등학교 6년, 중 · 고등학교 6년, 대학교 4년 동안, 매년 오르는 학비와 차비를 하루도 거르지 않고 지출하기 위해서 나의 주머니에는 항상 돈이 준비되어 있어야 했다.

한 자식 당 16년을 그렇게 준비해야 한다.

7남매의 교육비를 매일 그렇게 준비하여 지출해야 하니 결코 쉬운 일이 아니다.

한마디로 7남매 교육비를 대기 위하여 숨 쉴 틈도 없었다.

자녀들을 최대한 잘 양육하는 것은 부모의 의무이다.

나의 인생에서 가장 힘들었던 시기는 치과 진료를 할 때였다.

한 달 동안에 치아를 31개를 빼는데 생명의 위협을 느꼈다.

이에 누구보다 놀란 사람은 아내였다.

생전에 함께 다니지 않던 아내는 내가 병원에 간다면 그림자같이 따라 왔다.

내가 발치할 때마다 얼굴이 붓고, 식사를 못하니 막상 남편이 죽기라도 하면 어떻게 살 것인가 하고 걱정이 되어 한 행동일 것이다.

나는 건강을 위하여 몸에 좋다고 하는 약제들은 모두 구입하여 복용하였다.

또한 단백질 보충을 위하여 소고기를 사다가 죽을 쑤어 먹었다.

그러면서도 7남매 교육비는 빠지지 않고 지출하였다.

모든 것이 사전에 준비되지 않았다면 어려웠을 것이다.

여기서 밝히지는 않겠으나 이 시기에 엄청난 돈을 지출하였다.

아내는 나의 건강을 위하여 돈을 아끼지 않았다.

아내에게 감사한다.

그때를 곰곰이 생각하면 지금 이렇게 건강하게 지내는 것이 기적이다.

하나님의 은혜가 아닐 수 없다.

더불어 우리 부부의 검소한 생활과 피와 땀과 눈물의 결정체라 할 것이다.

하늘의 하나님께서는 늘 우리 부부의 삶의 모습을 보고 계셨고, 도우셨을 것이다.

이제 여기서 회고록을 마치려 한다.
이제 나는 일곱 자녀를 비롯한 후손들에게 당부한다.

나는 일곱 자녀 양육과 가정 경제 성장을 위하여 최선을 다하였다.
모진 가난을 뚫고 남부럽지 않게 목적을 이루었다.
고귀한 노력과 부단한 결심은 누구도 흉내 내지 못할 것이다.

그러므로 나를 본받아 하나님을 믿고, 게으르지 말고 부지런하여 하나님
께서 주신 일에 최선을 다하라!
하나님께 영광을 돌려라!

회고록을 쓰도록 힘과 지혜를 주신 하나님!
감사합니다.
영광을 받으소서!
할렐루야!

제8막

추억의 편지들

편지(1) 광화 전 답서

태산(泰山) 대운(大運)의 대룡(大龍)의 임무(任務)를 멋있게 수행(遂行)하는 평화
(平和)의 사도(使徒)가 되기를 하나님께 축원(祝願)한다.

너의 소식 반가웠고, 네가 그간 궁금해 하던 집 소식을 전한다.
이미 겨울준비는 김장까지 끝나고, 평택에서도 추수를 마쳤으며, 동생들도
아버지가 '공부의 의욕을 북돋는 의미에서 평균 점수 95점의 1등을 하면
2,000원, 90점 이하 2등이면 500원을 주기'로 약속을 해서 누구 못지않
게 열심히 공부한 결과 영란이가 평균 83점(5등), 영미가 70점(13등), 광동이
가 88점(2등), 경순이가 평균 95점(7등)의 성적을 나타냈는데, 이번에는 광동
이만 500원을 줬고, 영란이가 수원여고(水原女高)를 가겠다고 우기지만 아버
지는 여자의 몸으로 다니기에는 거리가 멀어서 성남여고(城南女高)를 가라고
해도 고집을 부리고 있단다.

> 泰山 大運의 大龍의 任務는 멋있게 遂行하는 平和고
> 의 使徒되기를 하느님께 祝願 한다
> 너의 소식 반가워 네가 그간 궁금해하는 집소식을
> 전한고 임이 계울건비는 김장까리 끝나고
> 평택서도 추우가 다왔으며 동생들르 누구못리안
> 게 열심히 공부하 결과 영깐이가 평군83점 5등
> 영미가 70점 -13등 광동이가 88판2등 경문이가

판교동 소송사건은 11월 1일 강제집행을 했으나 제자리걸음을 하고 있으니, 그 이유는 하월곡동의 김종운이 6,000,000원 채무의 강제집행을 당했고, 오류동의 김용환이 채무 2,000,000원의 강제집행을 당해서 내가 세 번째로 집행을 했으니, 허무하기 이를 데 없어 우선 피고를 만나 앞으로 다만 얼마씩이나마 해올 것을 권고하고 있다.

너의 배필 문제는 잠이나 들어야 잊을까 항시 어딜 가나 배필감을 찾고 있으니 더구나 요즘 너의 동갑들이 계속 결혼식을 하고 있어 부모의 도리가 부족한가 하고 미안한 생각뿐이고, 고등학교 출신의 보통 여자라면 허다하나 사회적(社會的)·국가적(國家的) 봉사정신의 아리따운 여성을 찾는 것이 그리 쉬운 일이 아니구나.

어쨌든 최선을 다하고 있으니 그리 알고, 그간에 변화란 미동굴 밭 가운데 웃송골 할아버지와 할머니가 지난 10월 30일 이틀 사이를 두고 다 세상을 뜨셨다.
너의 외삼촌 장로님도 위장염으로 위중해서 서울 병원에 다녔더니 요즘 차도(差度)가 있다.

아무쪼록 몸조심하고, 아버지가 있는 한 집의 염려는 그리 말고, 너의 뜻한 바를 기필(期必)코 성취하고 성공하는 그날까지 성실히 노력해주기를 부탁하며, 이 부모(父母) 동생(同生)들은 너에게 기대(期待)하고 자랑으로 즐겁게 생활하고 있단다.

속담에 '열두 새끼 가진 암소가 길마 벗을 날이 없다'고 했으니 춘하추동(春夏秋冬)을 통하여 뒷받침에 잠시라도 소홀은 금물이며, 항시 비상이 뒤따라야 하며, 침식에서부터 의복·신, 신상에 이르기까지 봄이면 봄 복을, 여름에는 여름 복을, 가을에는 가을 복을, 이제는 춥지 않게 겨울 복과 겨울 신을 챙기고, 밤이면 자다가 이불을 차버리지는 않나 하고 불을 켜고 차버린 이불을 덮어주며, 의약품이 상비되어 있어야만 한다.

'학교에서 늦게 오면 얼마나 배가 고프며, 여자의 몸으로 이렇게 늦게 오면 안 될 텐데…' 하고 다른 애들보다 늦을까봐 육성회비·수업료 준비를 서둘러야 하는 등 항시 신경을 써야 한단다.
이렇게 중점적으로 관심을 쏟곤 하니까 얼마나 떳떳하게 밑에 들지 않고 공부에나 위신에나 뒤처지지 않고 친구들과도 잘 어울리고 호평을 받고 있기에 무엇보다 명랑하고 행복한 가정이라고 남들이 부러워하곤 한단다.

그러나 그늘에는 이 부모의 황혼이 희생되어지고 있다 함을 잊어서는 안 됨으로 이미 너는 안타까움을 나타내고 있고, 너의 효도심의 고마움을 알고 있지만, 아직도 너희들 뒷받침이 태산같이 남아있음을 생각할 때 단지 하나님께 으레 축원하며 성실히 노력을 다할 뿐이다.
이것이 바로 인생(人生)의 부모 된 임무라고 생각하고, 당연히 수행할 일이기에 계속 추진하고 있다.

아무쪼록 몸조심하여 잘 있기를 하나님께 빌며, 이만 그친다.

1977.11.18. 용두(龍頭) 전 아버지 씀

하게 빝에들지 안코 공부에바 위신에나 뤼리〇안코
친구들에게 잘 어울리고 호꽈을 받꼬 있거든
그러기에 누없보라 뱅랑하고 행복한가령 이라고
섭슬이 붙어하곤 한단라   그러나 그늘에늘
이붂민의 황흘이 히생되여가고 있함을 잊어턴늘
안퇴으로 이뻐너늘 언라거움을 쓰라내고
있리만 효로심에고마웅을 알고 있리 빤
아락로 너비들 뒤바림이 태산같치 쌓아 잇슴
을 생각흐글래   관리 하느님께 의래 혹틴하네
報恩이도럭을 다늘들 뿐이고   이낫이바흔 人날의
父뇌리요孝뇌 하고 생각하고 장면 꾸행흥늘 일이기에
계속추진 하고있고〇
아뿌구록 몸조심 하여 찰 잇기흘 하느님께 빌며
이만그린다

1977. 11. 18

龍〇〇〇   아버지 〇

편지(2) 부모님 전 상서

만군(萬軍)의 하나님, 그리고 예수 그리스도의 은총 중에 늘 평안(平安)하심을 기원(祈願)하옵니다.

광란(光蘭) · 광국(光國) · 광동(光東) · 영란(英蘭) · 인란(仁蘭) · 경순(慶順)이도 모두 잘 자라고 있을 것을 믿습니다.

아버님께서 보내주신 글월(8月 18日 字) 잘 받아 보았습니다.

회갑(回甲)이 지나신 후에도 가정(家庭)과 동생들 교육(教育)에 전념(專念)하시느라고 점차 기력(氣力)은 줄어드시고 어려워 가시는 아버님의 현 생활(現 生活)이 앞으로 새로운 계획(計劃)을 안겨주고 있습니다.

부모님께서는 너무 염려 마시옵고, 평안하신 가운데서 현재(現在)를 정리하시면서 지금까지 동생들 교육으로 일관(一貫)하시던 것을 천천히 계속해 주셨으면 하고 바랍니다.

9월에는 여동생 광란이의 결혼식이 있으니 또 한 번 분주하시겠는데, 그래도 어머님의 기도(祈禱)와 주위 친척들의 기도 속에서 이루어지는 결혼이니 모든 일을 하나님께 의탁하시고 지켜보시면 될 것입니다.

얼마 전 광란이에게서 온 편지(便紙) 내용으로는 마음이 굳어진 것 같고, 물론 앞날의 모든 것은 미지수(未知數)이지만 신앙생활(信仰生活)을 잘 해나갈 것 같습니다.

父母님 전 上書.

農務의 화버님. 그리 애쓰그르으더 ... 中에
늘 平安 하심을 祈願 하옵기다.
志蘭 先相 在東 英南 仁蘭 慶順 이 모두
잘 자라고 있을 ... 믿습니다.

아버님께서 보내주신 글월 (8月 18日字) 잘 받아
보았읍니다. 四甲이 지나신 後에도 家庭과 同生
들 敎育에 全力 하시느라고 전과 ... 气力으로
줄이드시고 어려워가시는 아버님의 理念깊이
맑은 새로운 計劃을 ... 있읍니다.
父母님께서는 ... 언니 머리두고 平安 하신
가운데서 현在를 정리 하여보니 ... 까지
동생을 敎育으로 一貫 하시던 것을 ... 히
계속 해 주셨으면 하고 바랍니다.
9月에는 女同生 ... 이의 結婚 式이
있어 온 ... 분주 하시겠는데 그래도
아버님의 祈禱와 우리 친척들의 기도 속에서
이루어지는 결혼이니 모든 일을 하나님께
의탁 하시고 지켜 보시면 될 것입니다.
엄마로 ... 이에게서 온 便紙로는 마음이

출가(出家)하기 전에 필요한 교육이 선행(先行)되어야 할 줄 믿으오니 더욱 지혜롭게 해주시기를 바라옵니다.

저의 결혼식 참가는 때에 따라서 가능할 수도 있는 것이오니 가도록 노력하겠습니다.

이번 결혼식(結婚式)에는 500,000~600,000원 선에서 아내와 상의(相議)하여 보내드리겠사오니 사전(事前)에 참고해 주시기를 바라옵고, 10월부터는 계속 동생들 교육비로 저의 봉급 중 일부를 송금해 드리겠사오니 동생들 교육을 적극적으로 해주셨으면 하는 것이 저의 원함입니다.

아직 부모님께서 소원하시는 손주가 없으니 소자의 할 일을 못함이 늘 송구하와 대신 동생들이나마 때가 이를 때까지 훌륭하게 키우는 것이 조금이나마 부모님의 마지막 사업(事業)을 빛내고, 또한 의당 제가 해야 할 일이요, 또한 그것이 저희 가정에 대해 제가 해야 할 하나님의 뜻인 줄 아옵니다.

집사람이 아이가 없어 늘 안타까워함은 물론이오나 모든 것이 하나님의 뜻이요, 때가 되면 하나님께서 하나님 자신을 위해 훌륭한 아기를 주실 것을 저는 믿고 있사오니 마찬가지로 염려 마시옵소서.

얼마 전 동생들(광란·영란·경순)이 진해 내려왔을 때 집이 비어 있었으니 모든 것이 소자의 불찰이요, 부모님과 동생들에게 미안하기 그지없으니 차후에는 그러한 일이 없도록 노력하겠습니다.

집사람도 아직 부족한 점이 많을 것입니다.

일찍이 결혼하면서 얼마간은 시부모님을 모시고 시접살림을 함이 장차 큰 덕(德)이 되었을 것인데 여러 가지 복잡한 일이 겹쳤지만 어쩔 수 없고, 부모님께서 수시로 좋은 말씀과 교훈으로 채찍질해 주시면 하옵니다.

소자는 모든 일에 있어 부모님의 의사(意思)를 존중하오며 따르겠고, 이젠 깨닫는바 한 아내의 남편으로서 한 가정의 의사결정자(意思決定者)로서 이 글월을 쓰고 있으며, 이 글월은 일단 아내를 통해 보내어짐이 마땅하여 진해를 경유해서 보냄을 전해 드립니다.

저의 군대생활(軍隊生活)은 별 어려움이 없사옵니다.
저의 예하(隸下) 전 장병(將兵)은 모두 충성(忠誠)스럽고, 어떠한 동기생(同期生) 함정(艦艇)보다도 열심히 그리고 훌륭하게 근무하고 있습니다.
오직 하나님과 기도하면 이루시는 예수님께 기도하면서 금년도 최우수 정(最優秀 艇)이 되도록 노력하고 있습니다.

더욱이 금년도에는 저희 기생 진급심사 대상으로 중요(重要)한 해이오니 부모님께옵서는 소자의 진급을 위해 한층 기도해 주시기를 원하옵니다.
금년 11월에 소령 진급자 명단이 발표되고, 내년 4월에 진급하게 됩니다.
아버지 하나님과 예수님과 성령님께서 저를 도우실 것입니다.

아버님, 어머님!
소자가 있사오니 염려 마시옵소서.
성경 말씀에 "오직 믿는 자에게는 능(能)치 못함이 없느니라"고 했으니, 소자가 예수 그리스도를 믿음으로 살고 있는 한 안심하시옵고, 오직 때를 기다리시옵소서.

아버님, 어머님!
그럼 또 연락드리겠습니다.
예수 그리스도의 평강이 계시길 기도합니다.

1982.8.27. 소자 올림.

편지⑶ 광화 전 답서

　성부(聖父)·성자(聖子)·성신(聖神)·성령(聖靈)의 품안에서 소원성취(所願成就)로 살펴 주옵소서.

　하나님의 진리(眞理)를 지키며 정성(精誠)과 노력(努力)을 다하는 지성(至誠)은 기필코 너희들의 뜻이 성취될 것이니 과(過)히 염려 말고 다만 공연(公然)한 데서 꾸준한 노력만이 너의 과제(課題)일 것이다.

　지나간 9月 상순(上旬)에 자부(子婦)가 서신(書信)을 전해와 네가 어디 있는지 분명(分明)치 않다는 소식(消息)을 듣고 서신을 써 놓고도 못 보내고, 그간 궁금하기만 하던 차에 사진과 책을 받으니 너를 본 듯 반가워서 눈시울이 더워지는구나.

　잘 있다니 다행(多幸)이고, 고마우며 그동안 집에는 별고(別故)없이 모두 잘 있으며, 란이 결혼식도 너희들의 물심양면(物心兩面)의 협조(協助)로 무사히 마쳐 잘 있으며, 광국이(부산시 해운대구 좌동 사서함 4호 본부 중대 일병 나광국)도 잘 있으며, 광동이는 학교(學校) 추천으로 수원과학고등학교(水原科學高等學校)에 입학원서(入學願書)를 제출했는데 국내(國內) 최초(最初)로 경기도(京畿道) 내(內)의 각 학교마다 중3 학생 중에 학력(學力) 1위인 자로 1명씩 선발되어 학교, 교육장(教育長)의 추천을 받아 문교부(文敎部)의 지시(指示)로 시험을 기다리고 있는데, 광동이는 과학자(科學者)로 서울대 교수가 된다면서 기뻐하고 있으니 식구(食口)들도 다행으로 생각한다.

聖父 聖子 聖神 聖愛의 품안에서 所願 成就를
실려주옵소서 하느님의 眞理를 기꺼이 情誠과 努
力을 다하는 至誠은 期必코 너이들의 뜻이 成就
될것이니 果이 없어빨고 라만 泰然하여서 꾸준한
努力이 너의 課題 일것이다   지나간 陰 2月 에
子婦가 書信을 傳하여 내가 어디 있는지 分明히 알라는
消息을 듯고 書信을 써노코 못보내고 그간 궁금 ??
하든차 네인과 책을 받으니 너본듯 反가와 눈
시울이 더워지는구나 잘있다니 多幸이 그사이에
그동안 집에는 別故 없이 모두잘 있으며 많이 멀
意識을 너이들의 熱心 兩편의 協助로 無事히 지내잘
있으며 光國이도 (?? 하여 大邱 ?? 서하는 ?로 분중의 1명
나왕국) 잘있으며 光東이는 學校 추천으로 水原科學
農業學校 에 入學願書를 제출 했는데 國以最初로 京
畿道 及 中3 各學校마다 努力1位인 者를 1名식 선발되어
學校 敎長의 추천을 받아 ??? 입주로 시험을
기다리고 있는데 科學者로 서울大 敎授가 된다니 光東
이도 기뻐하고 있는데 食口들을 多率으로 ??한다
合格되면 기숙生活을 하여야하며 기숙費 月 5천
학學費로 일반 高等學費의 갈다 한다
大邱 ????? ??에 띄우는 便信 들의 才能이니 오늘까지 니
의7 男妹가 그러게 살아 왔으니 아버지가 안 빌빌인

합격(合格)되면 기숙생활(寄宿生活)을 하여야 하며, 기숙비 월 25,000원, 학비도 일반 고등학교와 같다고 한다.

대학진학(大學進學) 여부(與否)는 자신들의 재능(才能)에 달렸고, 오늘까지 너희 7남매가 그렇게 살아왔으니 아버지가 안 보낸 일은 없으며, 언제나 노력의 정성으로 공부하여 대학에 가는 길은 터놓고 있다.

그러나 자신(自身)이 태만하고 싫다고 하는 데는 할 수 없는 일로 내 남은 여생(餘生) 오직 남은 교육과 남은 동생들 보금자리, 이 아버지의 과제로 너에게 부담을 주지 않고 이 아버지가 당연히 책임(責任)을 지고 최선(最善)을 다할 것이니 너무 염려 말고, 오직 임무 수행에 노력하여라.

너희 내외(內外)의 위로(慰勞)의 뜻에 힘입어 61의 82년도 가을 추수작업(秋收作業)은 힘겹게 고달픔을 안고 기적으로 무사히 끝났다.

금년도 예년처럼 엄마의 지원을 받아 남을 사지 않고 봄부터 가을까지 혼자의 얼마의 지원을 받았을 뿐이었다.

10여 년간 금토동과 시흥동 일대에 7,000여 평의 땅을 두고 농사(農事)할 때가 되면 조반 전에 할 일도 안 된다.

그러나 황혼(黃昏)에 저물어가는 인생(人生), 기능(機能)과 활동(活動)이 둔화되니 남은 일이 많은데 자칫 너희에게 부담을 주게 될까 자나 깨나 문제(問題)이다.

행사(行事)로 김장만 남은 요즘, 몸은 많이 회복되고 아직 식구가 다 건강(健康)하다.

구애 없이 동생들도 열심히 학교에 나가며, 행복(幸福)한 가정으로 이웃은 부러워하고 있으니 너희들의 효심(孝心)이 멀리서나마 이 가정에 통하는 듯 지성감천(至誠感天)이요, 인명(人命)은 재천(在天)이라 했으니 아직 세상(世上)에 필요(必要)한 아버지로 성남(城南)으로 평택(平澤)으로 항시(恒時) 관심사(關心事), 가정교육, 농사작업 등 다채(多彩)로운 기능과 힘을 요하는 중요 입장(重要 立場)은

실로 흉내 내기 힘든 오늘 잘 조화(調和)를 이루어 7남매의 안정(安定)된 생활이요, 내일의 기대, 남은 여생 거듭 최선을 다해서 너의 부담을 덜고 임무가 끝나면 미련(未練) 없이 저 세상으로 가는 것이 이 아버지의 도리(道理)로 생각한다.

너의 진급합격(進級合格)을 온 식구와 함께 축하(祝賀)하면서, 차일피일하다가 아버지 주민등본을 이제야 보내게 되어 지장이 없을지 안타깝기 이를 데 없구나.

연하장(年賀狀)에 대해서는 효성중고 교무과장(敎務課長) 이관희 선생(先生), 배영숙 선생, 그리고 금토교회(金土敎會) 이종근(李鍾根) 장로(長老), 김철자(金哲慈) 전도사(傳道師), 김덕식(金德植) 전도사면 되겠지.

아버지에게 청한 종합진찰은 포기하여라.

아버지는 이미 효심(孝心)인 너희들의 기도에도 아랑곳없이 지난 11일부터 어질병으로 성남 동서병원에 입원했다가 석연치 않아 퇴원(退院)하고 집에서 한약으로 다스리고 있다.

짙어만 가는 인생의 나그네 길, 이제 무엇을 더 바라겠느냐?

너희들이 자랑스럽게 성장하는 모습에서 아직 못 다한 아버지의 무거운 짐이 남았거니와 인명은 재천이라 누구를 원망하리!

최선을 다할 것이니 그리 알고 아무쪼록 몸조심하고, 열심히 노력하면 그 대가(代價)는 역사(歷史)를 창조하는 너그러운 보람의 장식이 될 것을 믿어 의심치 않는다.

1982.12.16. 아버지가 용두(龍頭) 전

편지(4) 광화 전 답서

하나님의 무궁(無窮)한 성령이 그대들의 심신(心身) 어디서나 같이 해주소서. 아멘.

네가 요구(要求)하는 호적등본 2통, 주민등록등본 2통을 동봉했으니 받는 대로 답서(答書) 전하여라.

그동안 집에는 무고하며, 금년 추수는 다 정리(整理)되었으며, 평택에 논 517평을 평당 6,300원에 샀는데 분수에 넘친 일을 했나보다.

교육비 뒷받침이 어려울까 하여 부담감을 갖게 되는구나.

광동이는 수원과학고등학교 시험에 합격이 안 되어 효성을 다니기로 굳혔으며, 엄마 생신(生辰)에 진해 아기가 돈 30,000원과 라이터를 부쳐 와서 고맙다는 편지를 보내고, 명절(名節) 방학기(放學期)에 부모가 너희들의 보험카드를 이용(利用)하여 진해 유명병원에서 종합 진찰을 받았으면 하니 아기에게 의견을 전하라 했는데 15일이 경과되어도 아무런 소식(消息)이 없어 너에게 전해본다.

광국이(부산시 해운대구 좌동 사서함 4호 본부 중대 일병 나광국)의 소식이 끊겼으며, 웬일인지 요즘 너희들에게 서신 연락이 잘되지 않아 허전한 생각뿐이란다.

아무쪼록 몸조심하여 제반사(諸般事)에 관심을 가지고 노력의 정성으로 빛나는 성과를 보람으로 열심히 살아주기 바라며, 다음 소식을 기다린다.

1982.11.29. 아버지가 광화 전

부 록
낙생초등학교 졸업앨범

朕惟フニ我カ皇祖皇宗國ヲ肇ムルコト宏遠ニ德ヲ樹ツルコト
深厚ナリ我カ臣民克ク忠ニ克ク孝ニ億兆心ヲ一ニシテ世々厥ノ
美ヲ濟セルハ此レ我カ國體ノ精華ニシテ教育ノ淵源亦實ニ
此ニ存ス爾臣民父母ニ孝ニ兄弟ニ友ニ夫婦相和シ朋友相信シ
恭儉己レヲ持シ博愛衆ニ及ホシ學ヲ修メ業ヲ習ヒ以テ智能ヲ
啓發シ德器ヲ成就シ進テ公益ヲ廣メ世務ヲ開キ常ニ國憲ヲ重
シ國法ニ遵ヒ一旦緩急アレハ義勇公ニ奉シ以テ天壤無窮ノ皇
運ヲ扶翼スヘシ是ノ如キハ獨リ朕カ忠良ノ臣民タルノミナラ
スヌ以テ爾祖先ノ遺風ヲ顯彰スルニ足ラン
斯ノ道ハ實ニ我カ皇祖皇宗ノ遺訓ニシテ子孫臣民ノ俱ニ遵守
スヘキ所之ヲ古今ニ通シテ謬ラス之ヲ中外ニ施シテ悖ラス朕
爾臣民ト俱ニ拳々服膺シテ咸其德ヲ一ニセンコトヲ庶幾フ

明治二十三年十月三十日

御名御璽

朕曩ニ教育ニ關シ宜諭スルトコロ今茲ニ朝鮮總督ニ下付ス

明治四十四年十月二十四日

御名御璽

戊申詔書

朕惟フニ方今人文日ニ就リ月ニ將ミ東西相倚リ彼此相濟シ以
テ其ノ福利ヲ共ニス朕ハ益々國交ヲ修メ友義ヲ惇シ列國
ト與ニ永ク其ノ慶ニ賴ラムコトヲ期ス顧ミルニ日進ミ大勢ニ
伴ヒ文明ノ惠澤ヲ共ニセムトスル固ヨリ內國運ノ發展ニ須ツ
戰後日尙淺ク庶政益々更張ヲ要ス宜ク上下心ヲ一ニシ忠實ニ
服シ勤儉産ヲ治メ惟信惟義醇厚俗ヲ成シ華ヲ去リ實ニ
就キ荒怠相誡メ自彊息マサルヘシ
抑々我カ神聖ナル祖宗ノ遺訓ト我カ光輝アル國史ノ成跡トハ
炳トシテ日星ノ如シ寔ニ克ク恪守シ淬礪ノ誠ヲ輸サハ國運發
展ノ本近ク斯ニ在リ朕方今ノ世局ニ處シ我カ忠良ナル臣民
ノ協翼ニ倚藉シテ維新ノ皇猷ヲ恢弘シ祖宗ノ威德ヲ對揚セム
コトヲ庶幾フ爾臣民其レ克ク朕カ旨ヲ體セヨ

明治四十一年十月十三日

御名御璽

朕惟フニ國家興隆ノ本ハ國民精神ノ剛健ニ在リ之ヲ涵養シ之
ヲ振作シテ以テ國本ヲ固クセサルヘカラス是ヲ以テ先帝意ヲ
教育ニ留メサセラレ國體ニ基キ淵源ニ遡リ皇祖皇宗ノ遺訓ヲ
揭ケ其ノ大綱ヲ昭示シタマヘリ後又臣民ニ詔シテ忠實勤儉ヲ
勸メ信義ノ訓ヲ申ネテ荒怠ノ誡ヲ垂レタマヘリ是レ皆道德ヲ
尊重シテ國民精神ヲ涵養振作スルガ爲ノ洪謨ニ非サルハナシ
爾來趨向一定シテ效果大ニ著レ以テ國家ノ興隆ヲ致セリ朕曩
以來夙夜兢々トシテ常ニ紹述ヲ思ヒシニ俄ニ喪變ニ遭ヒ憂
悚交々至レリ
輓近學術益々開ケ人智日ニ進ミ然レトモ浮華放縱ノ習漸ク萠
シ失墜セムコトヲ恐ル況ヤ今次ノ災禍甚ダ大ニシテ文化ノ
緖ヲ啓キ國力ノ振興ハ皆國民ノ精神ニ待ツヤ是レ實ニ上下協
戮輕佻詭激ノ風モ亦生ス今ニ及ヒテ時艱ヲ革メスムハ或ハ前
紹復更張ノ時ナリ振作更張ハ他ニナシ先帝ノ聖訓ニ恪遵シ
振作更張ノ時ナリ振作更張ハ他ニナシ先帝ノ聖訓ニ恪遵シ
テ其ノ實效ヲ舉クルニ在ルノミ宜ク教育ノ淵源ヲ崇ヒテ智德
ノ竝進ヲ努メ綱紀ヲ肅正シ風俗ヲ匡勵シ浮華放縱ヲ斥ケ質
實剛健ニ趨キ輕佻詭激ヲ矯メ醇厚中正ニ歸シ人倫ヲ明ニシ
テ親和ヲ致シ公德ヲ守リテ秩序ヲ保チ責任ヲ重シ節制ヲ尙ヒ
忠孝義勇ノ美ヲ揚ケ博愛共存ノ誼ヲ篤クシ入リテハ恭儉勤敏
業ニ服シ産ヲ治メ出テテハ一己ノ利害ニ偏セスシテ公益ヲ
世務ニ竭シ以テ國家ノ興隆ト民族ノ安榮社會ノ福祉トヲ圖ル
ヘシ朕ハ臣民ノ協翼ニ賴リテ彌々國本ヲ固クシ以テ大業ヲ恢
弘セムコトヲ冀フ爾臣民其レ之ヲ勉メヨ

御名御璽

攝政名

大正十二年十一月十日

皇國臣民ノ誓詞
〈其ノ一〉

一、私共ハ　大日本帝國ノ臣民デアリマス

二、私共ハ　心ヲ合セテ　天皇陛下ニ忠義ヲ盡シマス

三、私共ハ　忍苦鍛錬シテ　立派ナ強イ國民トナリマス

〈其ノ二〉

一、我等ハ皇國臣民ナリ　忠誠以テ君國ニ報ゼン

二、我等皇國臣民ハ　互ニ信愛協力シ　以テ團結ヲ固クセン

三、我等皇國臣民ハ　忍苦鍛錬力ヲ養ヒ　以テ皇道ヲ宣揚セン

青少年學徒ニ賜ハリタル勅語

（昭和十四年五月二十二日）

國本ニ培ヒ國力ヲ養ヒ以テ國家隆昌ノ氣運ヲ
永世ニ維持セムトスル任タル極メテ重ク道ハ
（トホ）ク甚ダ遠シ而シテ其ノ任實ニ繋リテ汝等青
年學徒ノ雙肩ニ在リ汝等其レ氣節ヲ尚ビ廉
恥ヲ重ンジ古今ノ史實ニ稽ヘ中外ノ事勢ニ鑒
（カンガ）ミ其ノ思索ヲ精ニシ其ノ識見ヲ長ジ執ル所中
正ヲ失ハズ嚮フ所正ヲ謬ラズ各其ノ本分ヲ恪守
（カク）シ文ヲ修メ武ヲ練リ質實剛健ノ氣風ヲ振勵シ

253

西原禹容　吉村赫善　松原在姬　山本順德
金森正俊　平沼世均　松本炳穆
菊原壽榮　俞田順禮
龍原海重
晶山種福
長岡永讚
西原仁鎬
松村基男

豐本載億　文川象基　水子春雨
海門光明　權藤赫蘭
平山景福　山村鎭元　三井鍾五
新木康元　山村雲鍾　木下築麟
羅本在明　命宅佐年　玉川文二　嘉川明倫
金海敏雄　金井敎德　權藤五鉉　平山台鉉
平山炳山　權藤赫世　金田殷成　河原長錫　三宅先生
陝川德魯　岡田海鯨　金田順禮　良陳壽龍　閔本丙南
森山順用　松本誠一郎　慶玄植　安出秉義　松本光子
昌原正明　宮本仁愛　末元哲遠　金海仁培　國本惠子
島村秉翊　金村基用　金井克來　平沼錫源　豐村富烈
石村文雄　昌本海承　國本順萬　平沼錫永　高林今禮
金光泳龍　金山門瑢　豐山承代　國本元永　青原顯子
　　　　　碧本升基　松本攵子

254